U0918165

基金项目：山东省社会科学规划研究一般项目：
民事诉讼强制措施的实证考察与制度完善
（批准号：16CFXJ22）研究成果。

周洪江◎著

民事诉讼
强制措施理论研究

MINSHI SUSONG QIANGZHI CUOSHI LILUN YANJIU

中国政法大学出版社

2019 · 北京

声　　明　1. 版权所有，侵权必究。

2. 如有缺页、倒装问题，由出版社负责退换。

图书在版编目（CIP）数据

民事诉讼强制措施理论研究/周洪江著. —北京：中国政法大学出版社，2019.10

ISBN 978-7-5620-9271-1

Ⅰ.①民… Ⅱ.①周… Ⅲ.①民事诉讼－强制执行－研究－中国 Ⅳ.①D925.118.4

中国版本图书馆 CIP 数据核字(2019)第 232197 号

出 版 者　中国政法大学出版社

地　　址　北京市海淀区西土城路 25 号

邮寄地址　北京 100088 信箱 8034 分箱　邮编 100088

网　　址　http://www.cuplpress.com (网络实名：中国政法大学出版社)

电　　话　010-58908285(总编室) 58908433（编辑部）58908334(邮购部)

承　　印　北京朝阳印刷厂有限责任公司

开　　本　880mm×1230mm　1/32

印　　张　6.75

字　　数　180 千字

版　　次　2019 年 10 月第 1 版

印　　次　2019 年 10 月第 1 次印刷

定　　价　35.00 元

摘　要

ABSTRACT

民事诉讼强制措施，虽然不是民事诉讼任何个案都必须采取的措施，但却是民事诉讼程序得以顺利展开的法律保障，其与保全程序、先予执行程序，一并构成了我国民事诉讼法的基本保障程序。作为民事诉讼运行过程中的一项程序保障机制，其对于诉讼秩序的维护发挥着重要作用，2015年新实施的《最高人民法院关于适用〈中华人民共和国民事诉讼法〉若干问题的解释》（以下简称《民事诉讼法司法解释》）对于法庭秩序和纪律的重视，也是民事诉讼强制措施日益受到司法实务与立法者重视的体现。伴随着诉讼程序理念的更新，尤其是程序保障观理论研究的日渐深入，作为给诉讼程序正常进行提供保障的强制措施，理应受到理论界的重视。

本书认为民事诉讼强制措施的目的在于保障诉讼程序的顺利进行，其主要特征在于强制性，但同时民事诉讼强制措施也具有一定的惩罚性。民事诉讼强制措施的研究，应该立足于民事诉讼的目的、法院与诉讼参与人之间的民事诉讼法律关系、法院的诉讼指挥权、诚实信用原则在民事诉讼过程中的贯彻和体现。在民事诉讼强制措施的立法体例方面，我国民事诉讼强制措施立法与绝大多数国家和地区都有所不同：采专章式立法；

民事诉讼强制措施带有强烈的司法政策性导向；在我国民事诉讼强制措施的价值方面，过分偏重于诉讼秩序的维护，但忽视了诉讼主体的处分权和对于诉讼参与主体的权利保障；在民事诉讼强制措施的立法与司法方面，应该更加注意民事诉讼强制措施与其他民事诉讼制度之间的衔接；在具体的民事诉讼强制措施类型方面，我们还应该加强民事拘传、罚款制度的完善。

本书围绕着民事诉讼强制措施制度，除导论外主要从以下几个章节展开论述：民事诉讼强制措施研究的理论基础；民事诉讼强制措施的性质；民事诉讼强制措施与相关制度的协调；司法政策视野下的民事诉讼强制措施制度；我国民事诉讼强制措施立法体例介评；我国现行民事拘传制度的反思与重构；我国民事罚款制度的立法完善。

目 录

CONTENTS

第❶章

引　言

1.1 问题的提出："操"字案件

1.1.1 "操"字事件回顾

2009 年 4 月，深圳市的市民陈书伟因为不服福田区法院的一审民事判决，提出上诉，因为他在上诉状的"事实和理由"一栏中仅仅写了一个"操"字，福田区基层法院认为"操"字不雅，通知其对上诉状修改。但当事人以现代汉语词典为基本依据，认为在我国语文中"操"属于多音多义字，不是骂人的话而拒绝修改上诉状。福田区基层法院以"在民事上诉状中当事人使用了粗俗的语言文字并且直接侮辱了司法机关的司法工作人员"为由，给予陈书伟民事拘留 15 天的处罚。而陈书伟向深圳市中级人民法院申请复议后，深圳市中级人民法院于 2009 年 4 月 28 日驳回了当事人的申请，决定维持原决定。该案件迅速在全国引起了人们对于司法的调侃，对于该次决定有人冷嘲热讽甚至是直接予以抨击（据《深圳商报》2009 年 5 月 25 日报道）。[1]

---

〔1〕 参见陈书伟："我不后悔，但不平衡"，载 http://szsb.sznews.com/html/2009-05/25/content_636174.htm，最后访问日期：2015 年 4 月 9 日。

1.1.2 “操”字案引发的争议

“操”字案在我国整个社会舆论中引起了超越司法本身的广泛关注和讨论。对于这一案件，网民意见几乎呈现出支持陈书伟、反对法院采取民事拘留的一边倒态势，其中支持者比较有代表性的观点和理由主要体现在：第一个理由是在我国的《现代汉语词典》里，对于“操”这一汉字共计有八种解释，但是诸种解释中根本没有侮辱这一含义；第二个理由是陈书伟的行为从民事诉讼法这个角度，最多是民事上诉状书写或者说用语不规范，法官完全可以裁定驳回其上诉这一法律后果，但法官是没有权力对陈书伟进行民事拘留的，法院仅仅凭借一个“操”字，就直接认定陈书伟具有侮辱司法人员的行为，未免给人牵强附会、滥用权力、事实不清、诉讼中证据不足、基本问题界定模糊的重大嫌疑或者说合理怀疑，另外在该案件中法院有适用法律明显不当的嫌疑。对于此案，支持法院者认为，法院和法律有避免被侮辱的权力，任何法律的尊严都绝对不可亵渎，当然法院的司法权威也不容侵犯，上诉状中陈书伟的行为不仅妨害了正常民事诉讼秩序和法院司法工作人员工作的继续进行，而且还是对法院司法的权威、作为法律工作者的法官甚至是法律本身的蔑视和挑衅，法院对于陈书伟采取的民事诉讼强制措施并无不当。〔1〕

1.1.3 “操”字案的问题点

从诉讼法学理的角度，通过对这个案件的梳理，可以发现

〔1〕 参见陈彬：“一个个案引发的司法权威问题”，载《中国社会科学报》2009年第2期。

有三个值得讨论的问题点：其一是该案件在上诉过程中，行为人的该行为是否属于一种正常的诉讼行为？根据现行《中华人民共和国民事诉讼法》（以下简称《民事诉讼法》）及最高人民法院《关于适用〈中华人民共和国民事诉讼法〉的解释》（以下简称《民事诉讼法司法解释》），〔1〕上诉人陈书伟虽有用语不当，但显然应该属于一种诉讼进行过程中所采用的诉讼行为，虽然这种诉讼行为有所不当，但是法律和司法解释并没有规定可以采用民事诉讼强制措施，只是根据最新的司法解释，法院可以通知其修改，如果坚持不改的话，法院完全可以裁定驳回上诉。

其二就是通过该案件可以讨论民事诉讼强制措施具体的实施效果：一定的民事诉讼强制措施的采用是否就可以达到维护诉讼秩序的目的呢？该案件便是一起典型，一个个案的拘留措施，却引发了人们对于司法的广泛批评，显然司法具有值得反思的地方。如果违反法庭秩序的人，经过理性的评估之后，认为自己吞下民事诉讼强制措施这种不利后果比自己服从法院的命令更加有利的时候（比如向法院提交一份书证或者出庭作证遭受的打击更大的时候，自己是否还会出庭作证），是否会引起诉讼过程一种“理性违反诉讼秩序，主动愿意接受民事诉讼强制措施处罚”〔2〕行为呢？也就是说，民事诉讼强制措施不是在任何时候都能实现维护诉讼秩序的目的，当一定民事诉讼强制

〔1〕 根据1992年《民事诉讼法司法解释》第140条规定：“当事人在诉讼中有谩骂和人身攻击之词，送达副本可能引起矛盾激化，不利于案件解决的，人民法院法院应当说服其实事求是地修改。坚持不改的，可以送达起诉状副本。”2015年《民事诉讼法司法解释》第210条规定：“原告在起诉状中有谩骂和人身攻击之辞的，人民法院应当告知其修改后提起诉讼。”

〔2〕 See Linda S. Beres,“Civil Contempt and the Rational Contemnor”, 69 IND. L. J. 723, 731, 1994, p. 731.

措施的采用达不到维护诉讼秩序目的的时候，这一民事诉讼强制措施采用的意义又何在呢？

其三就是民事诉讼强制措施的适用前提。民事诉讼强制措施的适用目的在于维护诉讼秩序；适用的原因在于有关人员妨害了诉讼秩序，侵害了司法的尊严；适用的主体是法院或者法官。但是就该案件而言，一个“操”字是否影响到了二审诉讼程序的进行？侵害法官的尊严是否就是侵害了法律的尊严，进而构成妨害民事诉讼秩序？笔者认为上述两个问题的答案都是否定性的。法院在该案件中适用民事诉讼强制措施典型地体现出我国民事诉讼强制措施的运用具有极大的随意性，缺乏应有的制约。

诚如2015年2月4日最高人民法院举行《关于适用〈中华人民共和国民事诉讼法〉的解释》新闻发布会时最高人民法院审判委员会专职委员杜万华所说的那样“……完善法庭纪律的规定。党的十八届四中全会《中共中央关于全面推进依法治国若干重大问题的决定》（以下简称《决定》）指出，要完善惩戒妨碍司法机关依法行使职权、拒不执行生效裁判和决定、藐视法庭权威等违法犯罪行为的法律规定。法庭是人民法院代表国家审判案件的专门场所，诉讼参与人、社会公众进入法庭，参与或者旁听案件审理，应当遵守法庭纪律，这是尊重法治权威、保障审判活动正常开展的当然要求，也是维护当事人参与诉讼权利的当然要求。”〔1〕

民事诉讼强制措施，虽然不是民事诉讼任何个案都必须采取的措施，但却是民事诉讼程序顺利展开的法律保障，其与保全程

〔1〕 参见最高人民法院举行《关于适用〈中华人民共和国民事诉讼法〉的解释》新闻发布会，载 http://www.shui5.cn/article/86/76462.html，最后访问日期：2015年3月10日。

序、先予执行程序，一并构成了我国《民事诉讼法》的基本保障程序。作为民事诉讼运行过程中的一项程序保障机制，其对于诉讼秩序的维护发挥着重要作用。伴随着诉讼程序理念的更新，尤其是程序保障观理论研究的日渐深入，作为为诉讼程序正常进行提供保障的强制措施，民事诉讼强制措施理应受到理论界的重视。

我国民事诉讼中的强制措施赋予了法官几乎不受任何限制的权力，这种权力直接加诸当事人、诉讼代理人甚至是与案件争议有关或者无关的案外人。民事诉讼中的强制措施作为加诸上述主体的、强制上述主体遵循或者服从法院命令的司法手段，很容易因为权力缺乏应有的监督而遭致滥用。民事诉讼强制措施具有其特殊性，表现在这种权力运用的过程之中，法官在这个过程中不仅仅发挥着传统司法的功能，而且也同时扮演着执行者的角色。在民事诉讼强制措施的运用过程中，法官享有的不受制约的权力主要表现在法官既是违反法庭秩序行为的事实发现者，同时也是民事诉讼强制措施的具体运用者：法官界定有关主体是否违反法庭秩序；作为“公诉人”决定运用强制措施；最终仍然由法官决定具体强制措施种类及程度的适用。

尽管以法官为代表的法院在民事诉讼强制措施运用过程中存在权力滥用的巨大风险，但是当下民事诉讼强制措施的存在仍然具有其必要性而不能予以取消，法院对于违反诉讼秩序的人科以一定的处罚，这对于保证司法的权威性和司法权的正常运作是必不可少的，“在民事诉讼中对违反法庭秩序的人，法官拥有广泛的自由裁量权，长期以来被视为法院权威保持的内在本质要求”。〔1〕因此我们只是需要对现行制度进行整合、调整、

---

〔1〕 See Margaret Meriwether Cordray, “Contempt Sanctions and the Excessive Fines Clause”, 76 *N. C. L. Rev.* 407, 1998, pp. 408-409.

完善，这也是笔者写作本书的目的之所在。

1.2 研究背景与动机

选择写作本题的主要理论意义在于：

第一，学界尚未对于民事诉讼强制措施做系统性理论研究；

第二，本选题的学术理论性在哪儿？主要体现在要挖掘具体民事诉讼强制措施制度的性质，制度设定的理论基础，制度的性质与制度建构间的理论基础；

第三，与其他国家和地区相关制度的比较。这种比较可能不是直接的比较，因为其他国家和地区并不必然有民事诉讼强制措施的直接性规定，主要比较其他国家和地区保障民事诉讼顺利进行的措施有哪些。

本书写作的困难之处在于：一般认为民事诉讼强制措施仅仅是一个法律适用的技术性问题，理论性并不是很强，其他国家和地区对于民事诉讼强制措施的专门性研究内容非常少，甚至不将其作为一个基本问题予以研究，因此笔者时时提醒自己注意本书内容的理论升华。但对于某一个看似简单问题进行深入细致发掘和研究，小处着手不求宏大，未免不是一种学术研究的应有进路。

1.3 我国大陆地区与其他国家（地区）研究现状综述

1.3.1 我国大陆地区研究现状综述

就民事诉讼强制措施制度的理论研究与立法完善，我国大陆地区学者主要围绕着民事诉讼强制措施的基本理论与民事诉讼强制措施的具体完善两个角度来予以展开。

（一）民事诉讼强制措施基本理论问题研究

具体到基本理论部分，有学者认为民事诉讼强制措施的价值在于维护法庭的尊严与秩序，并认为司法实践中的执行难、取证难等现象与民事诉讼强制措施的适用范围过于狭窄、法院运用民事诉讼强制措施的力度过弱直接相关，最终提出要大力加强民事诉讼强制措施的运用。〔1〕在民事诉讼强制措施的制度性价值方面，有学者从律师妨害民事诉讼的行为切入，对于采用民事诉讼强制措施达到的效果提出了怀疑，采用法理学家哈贝马斯的商谈理论，认为法院对于妨害民事诉讼秩序的律师直接采取民事强制措施，这种做法明显带有单向惩罚的意味，但这样做并不能起到积极的作用，而应该从协商主义出发，建构法院与律师事务所（主任）之间的协商机制来惩处律师妨害民事诉讼秩序的行为。〔2〕

在民事诉讼强制措施的性质方面，学者主要围绕民事诉讼中的强制措施是否具有惩罚性与制裁性而分为两个阵营，少数学者主张民事诉讼强制措施是具备制裁性的，并且从立法、民事诉讼强制措施的具体种类方面展开论证。〔3〕支持制裁说的学者认为，妨害民事诉讼的强制措施，是指人民法院在民事诉讼中，为了排除干扰，维护正常的诉讼秩序，保障民事审判和执

〔1〕 参见李响："秩序与尊严——民事诉讼强制措施重构刍议"，载《法治研究》2011年第8期。

〔2〕 参见崔颖华："协商型正义：律师妨害民事诉讼行为公开方式的新探索"，载《河北法学》2013年第5期。

〔3〕 参见苏建清："民事诉讼中的强制措施"，载《法学杂志》1999年第5期。

行活动的顺利进行，对有妨害民事诉讼秩序行为的人，所采取的有制裁性质的强制手段。[1]大多数学者主张民事诉讼强制措施是不具有惩罚性的，但是关于民事诉讼强制措施的性质表述又有所差别。通过以上梳理，不难发现，学者关于民事诉讼强制措施的属性，并未形成通说。

（二）具体民事诉讼强制措施的适用与完善研究

学界就民事诉讼强制措施具体类型化适用的研究，集中于拘传及其适用、法庭当庭处罚权、民事罚款制度等方面。

学者们就拘传的条件和拘传适用程序从法解释学的角度进行了分析。也有学者提出，现行拘传制度以查清事实这一民诉基本目的为指导，其实质是职权探知主义在作祟，背后所反映出的深层次的法理是证据裁判理念的缺失或者虚置。[2]根据2015年最高人民法院发布的《民事诉讼法司法解释》第176条的规定，针对未经法庭允许的录音录像的、通过移动通信等方式进行庭审直播的或其他被认定为扰乱法庭秩序的情形，法院可以采取民事诉讼强制措施。对于民事诉讼法而言这是一项新制度，但是刑事诉讼法的司法解释早于民事诉讼法司法解释而颁布，并且刑事诉讼法中有类似规定，刑事诉讼法有学者认为，禁止诉讼参与人和案件旁听人员录音、录像以及进行庭审的直播，不利于公众的司法知情权和公众对于司法的监督，且在操作技术层面存在难题，比如责令当事人退出法庭后如何审理案

〔1〕参见常怡主编：《民事诉讼法学》，中国政法大学出版社2008年版，第251页。

〔2〕参见宋朝武主编：《民事诉讼法学》，中国政法大学出版社2008年版，第266页。

件。[1]笔者认为，2015年《民事诉讼法司法解释》引入该条，明显是借鉴藐视法庭罪的起源性制度。当然在这需要讨论的是：自媒体时代，个人的网络行为是否属于新闻媒体的自由范畴。关于训诫、责令退出法庭及其适用，学者对于训诫和责令退出法庭的概念认识较为一致，但对于责令退出法庭的强制措施适用对象存在一定争议。有学者认为责令退出法庭的适用对象包括当事人和其他诉讼参与人在内的所有违反法庭规则且情节轻微的人，这也是目前教科书的通说；[2]不过亦有学者提出：责令退出法庭强制措施适用的对象不能过于宽泛，在实践中并不是所有违反法庭规则的人都能适用，这是我们有待研究的实际问题。[3]对于罚款、拘留及其适用，罚款作为民事诉讼强制措施之一，其基本功能是排除妨害民事诉讼的行为。但有学者认为：2012年修法再次调整民事罚款的规定，罚款金额大幅增加所伴生的利害影响很可能会导致法院进一步加强对罚款的控制，这会加剧法官避免使用罚款的心理。"为保障被罚款人的权利及实现罚款保障诉讼顺利进行的立法预期，有必要改变目前的程序设置，通过司法解释引导罚款制度从'立法粗化——院长控制'的结构向'细化规定——程序控制'的结构转型。"[4]

---

〔1〕 参见韩旭："法庭内的正义如何实现——最高人民法院刑事诉讼司法解释中法庭纪律及相关规定"，载《清华法学》2013年第6期。

〔2〕 参见常怡主编：《民事诉讼法学》，中国政法大学出版社2008年版，第231页。

〔3〕 参见江伟主编：《中国民事诉讼法专论》，中国政法大学出版社1998年版，第474页。

〔4〕 郭翔："论民事诉讼中的罚款——立法预期与实践效果的背离及修正"，载《当代法学》2013年第1期。

1.3.2 其他国家（地区）研究现状综述

通过资料查阅，其他国家（地区）民事诉讼法一般未设专门条文对妨害民事诉讼强制措施予以规定，而是散见于民事诉讼法条文之中。由于这一特定的背景，其他国家（地区）学者很少有关于民事诉讼强制措施的专门性研究，其他国家（地区）关于民事诉讼强制制度的研究主要集中于藐视法庭罪以及藐视法庭罪中常采用的一种制度：罚款。

藐视法庭罪的研究文献数量众多，笔者结合与民事诉讼强制措施相关的研究，主要研究了民事藐视法庭罪与理性违反法庭秩序行为。有学者认为，在特定情形之下，当一个人违反法庭秩序的成本小于遵守法庭秩序的成本（比如如果出庭，可能会遭受人身伤害或者报复），则人们出于理性，会选择民事藐视法庭。[1]这样的研究对于2015年《民事诉讼法司法解释》第119条所规定的对于证人出庭责令其签署保证书，以强化证人作证的义务有借鉴意义，此规定导致的可能性结果是，证人出于畏惧打击报复的心理会大面积不出庭。关于藐视法庭罪，比较权威性的专著是C. J. Miller的*Contempt of Court*一书，该书系统地介绍了民事藐视法庭与刑事藐视法庭之间的差异、当庭藐视法庭罪的界定及其规制、民事藐视法庭罪、刑事藐视法庭罪的审判规则。[2]与民事诉讼强制措施类似的制度方面，发表于2000年《华盛顿法律评论》的“Disobedience and Contempt”一文比较系统地介绍了当庭藐视法庭行为的规则，并对于被处以

[1] See Linda S. Beres, “Civil Contempt and the Rational Contemnor”, 69 *IND. L. J.* 723, 1994, p. 757.

[2] See C. J. Miller, *Contempt of Court*, Law Quarterly Review, 2000, pp. 630–631.

民事藐视法庭罪者的救济权作了较为清晰的描述，文章同时对于藐视法庭行为处以罚款的法官权力滥用问题作了解释，并认为藐视法庭罪中的罚款权滥用是美国司法制度中一个比较大的问题。〔1〕发表于 *North Carolina Law Review* 的“Contempt Sanctions and the Excessive Fines Clause”一文认为，作为美国司法制度的一部分，很少有一种制度像违反法庭秩序所遭致的罚款制度那样容易被滥用，因为出于维护法庭尊严的制度设计，罚款这一制度本身的追诉者、决定者二者集于一身，即审理案件的法官。该文详细论述了罚款制度潜在的被滥用的可能性，并提出了规制的具体举措。〔2〕

就其他国家（地区）关于民事诉讼强制措施的立法而言，与我们民事诉讼法所规定的妨害民事诉讼的行为相比，他们民事诉讼法所规定的妨害民事诉讼行为种类少得多，且主要是指那些消极的妨害民事诉讼程序进行的行为。如证人不出庭作证、做虚伪陈述，以及不服从法院关于证据开示的命令，等等。

我国民事诉讼法特有的强制措施是对当事人的拘传。这一措施鲜为其他国家和地区民事诉讼法所采用。我国民事诉讼法司法解释明确了必须到庭的被告是指追索赡养费等特定案件中的被告，以及不到庭就无法查明案件事实的被告。我们认为，被告不到庭是其怠于行使诉讼权利的行为，法院采取强制措施令其出庭，实质上也体现了民事诉讼中仍存在法院职权色彩。而以不到庭就无法查明案件事实为理由对被告采取拘传这一强制措施，则反映了证明责任法理在民事诉讼中的缺失。正是为

---

〔1〕 See Margit Livingston, “Disobedience and Contempt”, 75 *Wash. L. Rev.* 345, 2000, pp. 346-401.

〔2〕 See Margaret Meriwether Cordray, “Contempt Sanctions and the Excessive Fines Clause”, 76 *N. C. L. Rev.* 407, 1998, pp. 411-420.

此，取消对当事人的拘传，统一采缺席判决制度或将当事人递交的答辩状作为口头陈述并以此为基础作出相应判决可能是一个较好的选择。另外，随着民事审判制度改革的深入，尤其是审前程序的完善，对不服从法院关于证据交换等命令的当事人如何采取强制措施是一个值得深入研究的问题。

1.4 研究范围与架构

1.4.1 研究范围

选择写作民事诉讼强制措施，笔者研究范围侧重于民事诉讼强制措施的基本理论研究与具体制度的完善两个方面，如民事诉讼强制措施的性质与目的；民事诉讼强制措施立法体例；民事诉讼强制措施是否仅仅是一种技术性规则；民事诉讼强制措施概念界定能否不仅仅从抽象概念界定出发，而找出以民事诉讼法律关系为基本理论架构，从适用的主体、违反的行为、强制措施适用的主体对象等诸多层次予以界分。在厘清上述基本问题的基础之上，将民事诉讼强制措施立法体例、具体规制与其他国家与地区立法例进行比对，提出相应的制度完善构想。

1.4.2 本书架构

本书总体分为两部分：民事诉讼强制措施的理论研究与基本制度完善。

就民事诉讼强制措施的理论研究而言，本书第一部分提出一种界定民事诉讼强制措施研究的理论架构：民事诉讼目的的再定位、民事诉讼法律关系、诚实信用原则、诉讼指挥权四个方面，这也是整个论文理论阐述的基础；第二部分论述民事诉讼强制措施的性质，主要探讨民事诉讼强制措施能否具有惩罚性；第三部分探讨民事诉讼强制措施与相关制度的协调，主要是围绕当事人民事诉讼中的处分权、民事诉讼权利滥用的规制、证据制度、强制执行制度来予以展开；第四部分从司法政策的视野角度审视民事诉讼强制措施制度。

在民事诉讼强制措施的立法完善方面，本书主要从三个部分予以展开：民事诉讼强制措施立法体例、民事拘传制度的反思与重构、民事诉讼罚款制度的立法完善。

1.5 研究思路与研究方法

刑事及行政诉讼法学对于强制措施的研究成果可谓汗牛充栋，笔者并未采用兄弟学科类似制度的一般研究路径，但囿于自己的研究领域和研究能力，本书拟偏重于程序法场域，固守民事诉讼法阵地，守好自己的“主场”，适当地打打“游击战”。

（一）规范性方法

主要从应然的范畴，找出现行民事诉讼强制措施法律规范和法律实践中的不足，并提出应对之策。

（二）比较方法

相关规范和制度以及学说可以成为我们参考的对象，例如民事诉讼强制措施的立法体例、具体类型、具体适用等，均可以通过比较，结合我国民事诉讼规范和制度，吸收其精华，提出民事诉讼强制措施的具体立法建议。

（三）交叉学科方法

民事诉讼强制措施研究是一个诉讼法律问题，同时也是一个伦理问题和社会控制与社会政策问题。面对这样一个综合性问题，单一的研究方法是难以胜任的，交叉学科的研究方法不可避免。本书在主要从法律学科的视角和路径进行研究的同时，还兼及法律伦理学、法律经济学和法律社会学的角度和路径。注重在民事诉讼强制措施适用方面实际效果的一定范围内的实证调研（选取了一个县级基层人民法院），结合当下社会状况与司法政策的具体运用一并予以展开。

1.6 本书可能的创新点

（一）着重论述民事诉讼强制措施的性质

该部分提出民事强制措施既有强制性，又有一定程度的制裁性；强制措施不同于强制性措施，强制性措施包括对人的强制和对物的强制，而强制措施仅仅是针对人的强制，因此强制性措施的外延要大于强制措施，强制措施包含于强制性措施之内，由此区分开了民事诉讼强制措施与民事执行措施，民事执行程序中同样存在民事诉讼强制措施，但是针对民事执行中所运用的查封、扣押、冻结等针对物的强制，属于强制性措施而非强制措施。

（二）加强对现行民事诉讼强制措施制度的反思

如立法模式（分散还是集中），具体强制措施的存废（如废除对当事人的拘传制度），部分强制措施的运用（对于是否引入藐视法庭罪，注意对于美国、英国民诉中藐视法庭罪的制度性质、程序运作的考察）。

（三）提出民事诉讼强制措施体系化建构

本问题的探讨最终是要整理出民事诉讼强制措施体系化的一套标准。

民事诉讼强制措施究竟包括哪些，有无需要增加的，强制措施的体系是根据对象（比如是针对诉讼参与主体还是可以针对案外人）还是根据程度、强度来界分民事诉讼强制措施的体系，以及这些理论探讨有没有必要性。

通过体系化的梳理，多余的（不属于民事诉讼强制措施的）要从现有强制措施体系中拿掉，现有制度缺失的要吸收进来，最终提出民事诉讼强制措施完善的基本思路和基本原则。

(四) 民事诉讼强制措施的裁判方式

裁判方式主要包括三方面内容，即裁判程序、具体裁判形式、救济程序。

比如为什么民事诉讼强制措施要用决定？可探讨决定与裁定的区别。为什么所有的民事诉讼强制措施均用决定？具体可从两个角度探讨：其一，可以从抽象层面，即决定的性质是什么，民事诉讼强制措施符合这些性质，因此民事诉讼强制措施用决定；其二，也可以倒过来进行思考，即民事诉讼强制措施用决定，所以其他采用裁定。如果规定有问题，则应该重构现有的制度。

(五) 民事诉讼强制措施适用的司法政策考量

在强制措施的适用范围方面，妨害民事诉讼行为的理论分类应予以细化，如扰乱秩序具体可细分为：妨害审判秩序、影响公正审判（如证据造假）、侵害（伤害）裁判者，这些类型的划分相互之间要不要有交叉，划分的意义何在呢？意义在于：比如，对于妨害审判行为需要立即采取民事诉讼强制措施，因为时间方面具有紧迫性和时效性；对于后两类行为则可以采用调查、取证、审查等，而不需要立即采取相关民事诉讼强制措施。再如：是否要适用某项民事诉讼强制措施以及适用时候程度的强度和大小。以罚款为例，罚款是否应该分为低、中、高三限？具体采用何种类型及程度的强制措施，应该根据形势政策的要求，比如在当下的司法政策下，对于迟延履行则适用的强制措施强度会加大。

（六）注意民事诉讼强制措施与民事诉讼制度的协调

主要是从民事诉讼法体系内的自洽性角度，探讨民事诉讼强制措施与当事人的处分原则、民事诉讼权利的滥用规制、民事诉讼强制措施与证据制度之间的衔接、民事诉讼强制措施与执行制度之间的衔接四个方面来予以论述。

（七）针对民事诉讼强制措施的立法体例以及民事诉讼强制措施中的拘传和罚款制度，提出了自己关于相应制度完善的构想

第2章 民事诉讼强制措施研究的理论基础

当下的《民事诉讼法》修改，侧重于具体制度的建构和完善，而忽略了民事程序法律之间的制度性联系。导致的结果是“头痛医头，脚痛医脚”的修补式立法与修法，呈现给人的印象就是，民事诉讼法的修改“碎片化”，缺乏系统性的内在逻辑：哪项制度不合事宜，即行修改，完全不考虑总体制度的体系化。由于制度之间缺乏必要的自洽性，或者说制度间缺乏应有理论的引导，导致一种制度的引入与周边制度出现诸多的冲突，从而引起法律的频繁式修改，最终损害了民事诉讼法的权威，导致了诉讼程序信仰的虚无。笔者试图从理论上探讨研究民事诉讼强制措施制度必须从以下几个理论问题切入，以寻求制度构建的内在统一。

本章的逻辑脉络以及与民事诉讼强制措施研究其他章节的关联性表现为：民事拘传制度的存在与民事诉讼目的、强制措施的价值之间根本没有关联性；民事法律关系构成了民事诉讼过程中法院、当事人、诉讼参与人在民事诉讼过程中基本的权力-权利坐标，任何一方不可僭越；诚实信用原则则是调整当事人、诉讼参与人在民事诉讼过程中行为的基本原则和行动指南，可以有效地弥补辩论原则与处分原则的漏洞，是法院适用民事诉讼强制措施的前提；而法院所适用的民事诉讼强制措施制度，本质上而言，应该属于诉讼指挥权的范畴，而诉讼指挥权应该在司法权的范畴之内予以考察，因为诉讼指挥权是司法权的保障与衍生。

就民事诉讼强制措施理论基础的建构问题，首先应该转化民事诉讼的目的论：由单纯私法秩序的维护转化为维护私法秩序与充分尊重当事人的自由处分权。而民事诉讼中存在的对于当事人（包括原告）可以进行拘传的制度与私法秩序的维护这一民事诉讼强制措施的价值根本无关；在民事诉讼法律关系上，坚持“三面关系说”，但是基于诉讼效率价值追求而建构的民事诉讼强制措施制度，属于法院的一项职权，在法院针对民事诉讼强制措施的程序控制与程序制裁权方面，应该注意法院的公权力与强制措施相对人私权利两者之间的衡平，完善我国民事诉讼强制措施的程序性救济问题；在对于所有诉讼参与主体（包括法院）的行为要求方面，应该遵循诚实信用原则，并且这种诚实信用原则在民事诉讼强制措施制度中应当予以实定化；从诉讼指挥权研究的视角，明确现行民事强制措施立法中训诫、责令退出法庭属于法庭警察权而非诉讼指挥权的行使，在未来完善民事诉讼法律制度时候，训诫、责令退出法庭应该作为《中华人民共和国人民法院组织法》（以下简称《法院组织法》）的问题予以规制，相应的应该将训诫、责令退出法庭从民事诉讼强制措施中予以剔除。

2.1 民事诉讼目的的再定位

民事诉讼强制措施是民事诉讼制度的组成部分，而民事诉讼目的论，直接决定了民事诉讼基本制度的建构，目前民事诉讼强制措施的性质偏重于“秩序罚”（对于此问题在“民事诉讼强制措施的性质”一章中笔者有较为详细的论述），这与当下民事诉讼的目的偏重于私法秩序的维护不无关联。而民事诉讼强制措施制度要实现由仅仅承担秩序罚职能转向三种职能：秩序罚、查清事实、尊重当事人处分权。这就要求首先从制度上调整民事诉讼的目的，应该由注重私法秩序的维护转到尊重与保护当事人在民事诉讼过程的权利、私法秩序的维护、解决纠纷多重民事诉讼目的论的方向上来。

目的论是民事诉讼法的基本理论，目前关于民事诉讼目的论的研究不可谓不精深。〔1〕关于民事诉讼目的的学说，具有代表性的有权利保护说、私法秩序维护说（又称法秩序维持说）、纠纷解决说、程序保障说、多元说等，学界关于民事诉讼目的理论的讨论，多是从如上几个角度予以展开。若对各种学说的内容作一般性梳理的话，可以做如下概括：

权利保护说主张，作为禁止自力救济的代价，国家应当负有保护私人权利的责任，于是就产生了民事诉讼；私法秩序维护说主张，国家为了维护其基于自身所制定的民法、商法等私法而产生的私法秩序，并确保该秩序的实效性而设置民事诉讼；纠纷解决说认为，那种主张权利及私法在先，而诉讼不过是实现上述权利和秩序的手段的观点不免有颠倒逻辑之嫌疑，从历史沿革看来，首先存在着的应当是诉讼，而作为诉讼积累的结果，权利及私法产生并逐步趋于完备化，因此民事诉讼的目的仅仅在于私益纠纷的解决；多元说则主张，无须将目的论单一

〔1〕代表性研究成果有：李祖军："关于民事诉讼目的的几个问题"，载《诉讼法论丛》2000 年第 2 期；章武生、吴泽勇："论民事诉讼的目的"，载《中国法学》1998 年第 6 期；何文燕、廖永安："民事诉讼目的之界定"，载《法学评论》1998 年第 5 期；陈刚、翁晓斌："论民事诉讼制度的目的"，载《南京大学法律评论》1997 年第 1 期；刘荣军："论民事诉讼的目的"，载《政法论坛》1997 年第 5 期；[日] 竹下守夫："民事诉讼法的目的与司法的作用"，牟易、诚诿译，载《现代法学》1997 年第 3 期。

的限定于权利保护、私法秩序维护还是纠纷解决中的一者，所有上述价值都应当视为民事诉讼的目的；程序保障说则主张，民事诉讼的目的在于程序保障之本身，换言之，一方面确保当事人之间的实质平等，另外一方面让当事人彼此穷尽其论争是民事诉讼的目的。〔1〕

中村英郎教授认为，两大法系存在诸多的差异，但是从诉讼体制角度而言，这种差别可以归结为传统大陆法系为“规范出发型诉讼”，英美法系为“事实出发型诉讼”。〔2〕当下民事诉讼法所规定之民事诉讼的任务具有多重性，〔3〕笔者从一般认识论的角度，始终认为在健全的法治国家里面，法的目的具有普世性，这种普适性表现在民事诉讼领域也应该具备制度设计上的共性。按照法的传统，之所以能够划分为两大法系进行比对，本身说明两个问题：第一就是两大法系存在差异，这是划分的主要依据；第二，大陆法系与普通法系之所以拿来比对，说明两者之间具有制度的共性，否则若两者间完全没有制度的共性，比对的结果是没有意义的，换言之，完全没有共性的事物人们

〔1〕 参见［日］高桥宏志：《民事诉讼法：制度与理论的深层分析》，林剑锋译，法律出版社 2003 年版，第 2 页。

〔2〕 参见［日］中村英郎：《新民事诉讼法讲义》，陈刚等译，法律出版社 2001 年版，第 20~22 页。

〔3〕 我国现行《民事诉讼法》第 2 条规定：“中华人民共和国民事诉讼法的任务，是保护当事人行使诉讼权利，保证人民法院查明事实，分清是非，正确适用法律，及时审理民事案件，确认民事权利义务关系，制裁民事违法行为，保护当事人的合法权益，教育公民自觉遵守法律，维护社会秩序、经济秩序，保障社会主义建设事业顺利进行。”理论界通常认为这种民事诉讼任务的规定，其实就是大陆法系学者所主张的民事诉讼目的论。通过法条表述，我们认为我国民事诉讼的目的（任务）至少包括权利保护、私法秩序维护、纠纷解决三重目的。目的的多重最大的缺陷就是当具体个案中，追求的三重目的有所冲突时候何者居于上位的问题。其实笔者也一直认为，检验我国民事诉讼目的恰恰应该是在民事诉讼目的个案冲突时候才会体现明了。

不会拿来比对。而笔者认为，中村教授夸大了两大法系在民事诉讼目的论范式方面的差距。笔者更加愿意主张：依法独立审判是法治健全的核心标志。在我国司法改革的过程中，我们改革的终极目标是党的十七大表述那样，建立“公正、高效、权威”的司法制度。

笔者在此支持将民事诉讼目的定位于纠纷解决与私法秩序的维护，在纠纷解决的过程中尊重当事人的处分权与诉讼主体地位。在体系化的民事诉讼制度之中，我们更加关注民事诉讼目的这一纲领性设置，如何做到与其他下位制度的体系化，这是前人研究成果所欠缺或者未关注的。比如，民事诉讼目的与主管制度的关系，与起诉难问题的关系等。民事诉讼法中的主管制度的设立，可以说是我国民事诉讼法区别于世界其他国家和地区民事诉讼法的一个显著制度，换言之，与典型的法治发达国家和地区相比，只有我国法律明确规定了民事诉讼的主管制度。〔1〕诚如江伟教授所言：“‘民事诉讼主管’制度是社会主义的国家制定的民事诉讼法学中独具特色的、一个特有的制度性概念。”〔2〕从本质上说来，民事案件主管制度的设置，没有任何立法技术的考量，其实就是一种立法政策，它通过过滤和筛选，使相当一部分民事纠纷无法进入法院，从一体化论这个角度，也就不难理解为什么起诉难、立案难了。原因很简单：民

---

〔1〕 比如日本、德国、美国民事诉讼中并无对应我国主管制度的有关规定。以美国为例，美国民事诉讼之中，与我国主管制度类似的一个词“cognizablitity”，直译过来就是“司法识别”，另一个词叫“justicability”直译过来就是“可司法性”，但是这两个词都无具体制度化的规范与规制，与我国主管制度大异其趣，德国、日本情形也与美国类似。具体可参阅［美］斯蒂文·N. 苏本等：《民事诉讼法：原理、实务与运作环境》，傅郁林等译，中国政法大学出版社 2004 年版，第 165 页及以下。

〔2〕 参见江伟、廖永安：“我国民事诉讼主管之概念检讨与理念批判”，载《中国法学》2004 年第 4 期。

事诉讼的目的不在于解决纠纷，不是为了维护既定的私法秩序，导致的是很多纠纷无法解决，通过立案程序的过滤，很多案件无法进入诉讼程序，必然的结果就是起诉难、立案难。[1]从民事诉讼制度间的衔接这个角度来进行解读，目的论、立案制度、起诉难是三位一体的，问题找到了，解决的方案也很简单，只要修正民事诉讼的目的，体系自然畅通。

从民事诉讼法的立法角度审视，我国并没有在法典中明确规定民事诉讼制度的目的。但是长期以来，在民事诉讼实务界和理论研究界的观点中，大多数是将民事诉讼法规定的基本任务作为民事诉讼制度设立和建构的目的。笔者主张，民事诉讼目的应该定位于私法秩序的维护、民事纠纷的解决和对于民事诉讼主体私权利的尊重。因此要强调尊重当事人的主体性，允许当事人以意思自治处分私权。

现行民事诉讼立法所确立的民事诉讼强制措施制度，属于民事诉讼程序的保障制度，其性质属于对于违反民事诉讼秩序主体所科以的“秩序罚”（关于民事诉讼强制措施性质的论述，稍后笔者有专章论述），这种民事诉讼强制措施“秩序罚”观念，毫无疑问受到民事诉讼目的主要是“私法秩序维护”这一理念的深刻影响。有学者也将民事诉讼私法秩序维护说归属到“国家意志说”[2]这一范畴之中，笔者也赞同这一分类，这一

---

〔1〕 学者对于解决立案难、起诉难的制度性出路，主要从两个进路进行了解读，即规范主义法学诉讼要件视角和我国司法政策型调整诉讼结构两个维度进行，两种代表性解决方案代表性文章为：张卫平：“起诉难：一个中国问题的思索”，载《法学研究》2009 年第 6 期；张卫平：“起诉条件与实体判决要件”，载《法学研究》2004 年第 6 期。

〔2〕 参见王登辉：“民事诉讼目的之反思与司法保护说之倡导”，载《现代法学》2014 年第 2 期。

观点衍生出来的代表性说法为：民事诉讼目的也可以称作民事诉讼制度的目的或诉讼目的，具体而言是指一种国家的意志，民事诉讼目的的主体是国家，而不是直接实施诉讼活动的法院或诉讼参与人。[1]在这一民事诉讼目的论的指引之下，民事诉讼强制措施定位为在民事诉讼过程中针对违反民事私法秩序者的处罚，即秩序罚。这其实体现了民事诉讼强制措施中较为明显的职权主义倾向。要从根本上解决民事诉讼强制措施制度存在的问题，首先应该解决的问题是进一步强化当事人权利，弱化法院诉讼过程中的职权。市场经济体制是一种平等经济形态，强调私权利保护的本位主义，弱化法院职权，加强民事诉讼中当事人的权利也有利于司法体制与经济体制两者之间的良性互动与协调。强调弱化法院在民事诉讼中的职权主义行为是完善民事诉讼强制措施制度的前提和基础。弱化民事诉讼程序中法院的职权绝不意味着法院权威性的降低，原因在于法院的权威并不在于法院在民事诉讼中权力是扩大还是缩小，而是来源于法院行使民事审判权的正确性和公正性。

民事诉讼中强制措施制度的价值定位应该由原来现行的维护民事诉讼私法秩序和司法尊严转向既要坚持对违反诉讼秩序者进行秩序罚，又要尊重当事人的处分权。民事诉讼中的强制措施制度受民事诉讼职权主义体制影响深刻。在诉讼进程中，法院可以对哪些妨害民事诉讼秩序的行为采取强制措施，以及针对该种妨害行为采取何种类型以及何种程度的强制措施，从一定意义上而言是由其民事诉讼体制决定的，也可以说民事诉讼强制措施在一定层面上反映出了公权力对其自身民事诉讼活动的干预程度。

---

〔1〕 参见田平安主编：《民事诉讼法学》，法律出版社2005年版，第33页。

现行民事诉讼强制措施立法所规定的其中四种措施（训诫、责令退出法庭、罚款、拘留）在制度价值方面偏重于维护诉讼秩序，这与大多数国家和地区奉行的民事诉讼强制措施的运用侧重于强制矫正诉讼过程中不正当诉讼行为的目的本身存在着明显差别，因此训诫违反法庭秩序和规则的主体以及责令违反法庭秩序的特定主体（包括当事人）退出法庭等，均体现出民事诉讼强制措施中仍存在职权干预主义色彩，这些与尊重当事人的诉讼程序地位没有必然关联性。虽然民事诉讼强制措施的目的主要定位于对行为人违反诉讼秩序的一种处罚，即秩序罚，但是民事诉讼中对必须到庭的原告、被告、原告与被告的法定代理人实施拘传，与民事诉讼强制措施所追求的秩序罚根本没有任何的关联性，因此该制度应该从民事诉讼强制措施中予以删除。

2.2 民事诉讼法律关系

民事诉讼之过程到底是一种法律关系还是一种法律状态，有的学者主张将其以法律状态代替法律关系，此种观点多为德国学者所主张；但是多数学者的观念，基本上仍倾向于诉讼法律关系说。

2.2.1 民事诉讼法律关系学说介评

关于民事诉讼法律关系的学说，共有三种。采单面关系说的首倡者为德国的著名法理学家 Joses Kohler，该学者主张诉讼法律关系只是指当事人之间的法律关系，当事人与法院之间并没有任何法律关系。理由在于诉讼的本质在于“权利之斗争”，若是为了权利而斗争，法院仅仅是处于第三者的立场来监视和指导双方当事人之间的斗争，并就权利斗争的结果进行判断，法院绝不能加入当事人的权利斗争中。法院只是一种裁判主体，而法院作为裁判主体应该处于第三者的超脱地位，只能监视指导双方当事人之间的权利斗争但是绝对不允许法院加入，因此民事诉讼只是当事人之间的法律关系而已。

第二种两面关系说最早由德国学者 Gottlieb Planck 所主张，该学说认为所谓两面法律关系说是指诉讼关系只存在于原告与法院及被告与法院之间，在原告与被告之间不产生诉讼法律关系而只是实体法律关系，原告向法院请求，只是求对于自己有利的判决，所以诉讼法律关系仅存在于原告与法院、被告与法院之间。Planck 是《德国民事诉讼法》的起草人之一，该学说认为民事诉讼系对于法院要求保护行为之程度，是标准的诉权中的权利保护说，换言之，法院对于当事人诉讼法上的权利义务兼及原告与被告，原告的权利保护请求系对于法院，并非对于被告，所以法院与当事人之间所形成的两面关系既非原告与被告之间的关系，也非原告、被告、法院之间的三面关系，最后 Planck 下了一个结论：原告对于被告没有任何诉讼法上的权利，被告对于原告也不负担任何诉讼法上的义务。

第三种三面关系说为德国学者 Oscar Bullow 所首创，其主要著作有《诉讼抗辩及诉讼要件论》，该说认为，民事诉讼法律关系是各当事人与法院、各当事人之间的法律关系，换言之，诉讼法律关系是由“法院与原告”“法院与被告”“原告与被告”三面关系所构成，该说又分为两派：一派以创立“权利保护请求权”的德国学者 Adolf Wach 为代表，该说认为因为诉讼所以原告、被告之间产生诉讼上的权利义务关系，故产生法律关系；

另一派以 Degenkoll 为代表，认为因为原告的起诉，对被告产生了拘束力，在诉讼中无论被告的意思如何都有加入诉讼关系的义务，也就是说原告的起诉对被告而言有应诉的拘束力（应诉是一种义务、是一种强制），所以诉讼是当事人之间发生法律关系的结果。

一面关系说和三面关系说产生于权利保护请求权盛行的时代，日本在当时也几乎没有反对的学说，但是根据谷口安平教授所述："现代民事法学必须要脱离过去衙门心态，特别是东方国家，更应注重脱离衙门心态，如果现代的民事法院法官，仍然用衙门心态看待民事诉讼法，心态上不免把自己的地位想成是面对着当事人的高高在上的大官，所以即使在学理上采两面关系或者三面关系说，在心态上也应该采单面关系说"。

民事指平等的私人之间因为生活关系（财产或者非财产上的关系）而发生的私法事件；诉讼是指作为国家司法机关的法院，就对立的当事人之间所发生的纠纷适用法律予以判决解决争议的法律程序；因此民事诉讼就是为了保护私法上的权利，请求国家司法机关确定自身权利是否存在的一种法定程序。因此笔者特别赞同诉讼法律关系在心理上应该是一种单面关系，但是在操作层面或者学理上应该是一种三面关系，法院在诉讼法律关系中的主体地位是不可或缺的。

2.2.2 法院的职权

清华大学的张卫平教授将法院在民事诉讼中的基本职权分为两大类：审理权和裁判权，其中审理权包括程序控制权、询问权（询问证人、询问当事人）、调查权、释明权、证据审查权、事实认定权；而裁判权又分为程序事项裁判权和实体争议裁判权。[1]张卫平教授认为，人民法院是民事纠纷的裁判者，法院最基本的职权毫无疑问应该是对案件以及诉讼当事人权利义务的裁判权。然而法院在民事诉讼过程中仅仅拥有民事裁判权是远远不够的，民事诉讼裁判的作出是整个民事诉讼进程依次展开在逻辑上最终达到的必然结果，民事诉讼活动是一种慢慢按照顺序展开的动态连贯的几个程序和最终程序运作的过程。但是民事诉讼法所确定的民事纠纷解决程序作为一种人民法院行使国家裁判权的特定诉讼程序，本质上而言并不是由民事诉讼纠纷当事人双方所能够完全控制和支配的诉讼程序，在民事诉讼运行程序中最重要的方面，始终必须由作为代表国家行使裁判权的各个层次的人民法院来予以控制和支配，各级各类人民法院最终有权决定诉讼过程中到底适用哪一种诉讼程序，法院同时也会根据诉讼案件和诉讼纠纷中争议的双方当事人的具体、切实的实际情况而予以决定诉讼程序的下一步进展情况和民事诉讼程序下一步是否需要继续进展，由于上述的整个裁判权的运行过程，在民事诉讼中也就必然衍生出了各级人民法院对于整个民事诉讼过程的程序性控制的权力，而人民法院对于民事诉讼的控制权其中也就自然包括了法院对于民事程序有关事项的裁决权。[2]

法院在民事诉讼程序中的程序控制权其中一种表现即是促使程序高效率进行的职权，诉讼效率是民事诉讼法所追求的基本价值之一，民事纠纷的诉讼解决不仅要求实现公正价值，同

---

[1] 参见张卫平：《民事诉讼法》，中国人民大学出版社2011年版，第40页。

[2] 参见张卫平："论人民法院在民事诉讼中的职权"，载《法学论坛》2004年第5期。

时还要尽量做到解决过程的低成本和解决时间上的迅速快捷。由于民事诉讼过程中双方当事人利益的对立性，从一般认识论的角度而言，原告对于民事诉讼效率有着更多的期待，相反，被告则对于民事案件结案效率不那么关心，当事人对诉讼效率的不同心态导致诉讼效率的提高不可能由当事人自己来完成，只能由作为中立裁判者的法院来实现。从这个意义上，不难理解法院为了推进诉讼的进程，大多数民事诉讼强制措施针对被告作出而没有针对原告。在实现诉讼效率方面，法院尽管是民事纠纷裁判的中立者，但同时也是诉讼效率的获益人，诉讼效率也是裁判者所追求的利益，从这个意义讲，法院也是诉讼的“当事人”。为了推进诉讼过程的效率，法院对于负有特定义务的诉讼参与人，比如证人、鉴定人实施民事诉讼强制措施，目的也在于提高诉讼效率；诉讼过程中通过运用民事诉讼强制措施排除诉讼进程的障碍，也是为了推进诉讼进程。法院在民事诉讼过程中有追求诉讼效率的主观能动性，因此民事立法和司法政策应当充分考量裁判者对诉讼效率的片面追求，防止诉讼公正的受损。因此，民事诉讼法必须考虑当事人诉讼权利行使的有效时间和空间，不能仅仅考虑裁判者审判的方便，而影响当事人诉讼权利的行使。

为了提高诉讼进程的效率，法院必须要有相应的职权。法院有权决定在适当的时候进行证据交换、何时开庭审理、诉讼是否应当予以合并或分离、是否应当追加被告、是否同意原告变更诉讼请求、是否同意被告提起反诉，等等。而法院在诉讼过程所运用的民事诉讼强制措施，一方面是对于违反诉讼秩序的诉讼当事人的惩戒，即所谓的“秩序罚”，另一方面我们也应该回归民事诉讼强制措施性质的本源——强制，强制的目的当然是强制当事人或者诉讼中的参与人（如证人、鉴定人等）高效率地完成诉讼行为，推进诉讼进程。从这个角度和意义而言，民事诉讼强制措施的运用属于法院程序控制权中为了促进诉讼的效率而予以展开和体现出来的一种权力，或者说是法院的一项职能。

2.2.3 当事人与法院权限的配置——基于诉讼效率与公正的衡平

民事诉讼是在作为国家公权力的审判权介入下解决私人权利之间的争议问题而出现的，民事诉讼的过程是公权力与私权利二者交互共同完成诉讼结果的一个过程。一方面，为了达到纠纷的妥善、公正解决，必然要求法院运用程序控制权基于效率价值的追求推进整个民事诉讼的进程，在这一方面法院通常与原告的诉求具有一致性；另一方面，法院有可能对于推进程序进行过程中有关诉讼参与人（包括被告）的特定违反诉讼推进程序的行为进行制裁，法院此时运用的是程序制裁权，比如对于特定主体采取罚款、拘留等强制性措施。程序性制裁权的运用必然以损害有关主体的私权利为前提，实现民事诉讼最终结果的正当化，既包括了审理结果的实体公正，更重要的是在诉讼过程中能够为诉讼主体所切实感知到的公正，这种能够感知到的公正很大一个方面表现在法院运用程序推进权、程序制裁权的时候，其程序本身具有的正当性。这一问题最终被界定为：如何在程序推进与程序制裁的过程中，达到国家公权力的审判权与私主体的私权两者之间的平衡，任何一方行为的过界都会导致诉讼的迟延或者是程序性制裁权的滥用。

针对平衡法院与诉讼参与人之间权力（利）的分工，唐力教授提出了“分权而治”的观点，并认为民事诉讼中民事诉讼构造所形成的当事人与法院之间“分权而治”的目的是要在当事人与法院之间，以及当事人之间形成合理的程序制约关系。民事诉讼从外在的功能来看，是对一定的民事纠纷予以妥善的解决，但从本质上可以理解为是对诉讼程序所产生的“利益”或者“不利益”后果在当事人之间进行“分配”的机制，并且法院是这一分配结果的最终决定者。[1]国家行使的权力有强大的国家机器作为保障，但是任何权力的拥有者都有可能会“任性”，即权力的滥用，所以要在民事诉讼强制措施中对于国家的审判权予以制约。如何制约民事诉讼强制措施中法院权力的运用，作用的方式不外乎两种：一种是规定某种强制措施运用的自我规范性，另外一种方式就是赋予相对人事后程序性救济的权利，比如复议和上诉。但是通过比较法的考察，其他国家和地区立法中所采取的拘传、罚款、拘留，在程序的规范化运作方面，均采用裁定书，而我们使用的是决定书。至于裁定书与决定书的区别，立法没有明确，司法解释也是语焉不详，但有一点是肯定的：决定书的救济力度远远弱于裁定书，因为决定书绝对不允许上诉，只有少数决定书才可以复议。但是其他国家和地区立法所确立的民事诉讼强制措施，根据具体情况的紧急程度不同，分别允许相对人提出即时抗告或者抗告：如果某一种强制措施下达之后必须立刻予以实施（如对于证人或者鉴定人的拘传），则对于此类民事诉讼强制措施的裁定书允许当事人进行即时抗告；反之如果对于某一类民事诉讼强制措施不是

---

〔1〕 参见唐力：《民事诉讼构造研究——以当事人与法院作用分担为中心》，法律出版社 2006 年版，第 40 页。

必须立刻开始实施（如罚款），则允许当事人针对此类民事诉讼强制措施的裁定书提起普通抗告。相对而言，我们的民事诉讼强制措施还没有建构出较为完善的程序制裁救济机制。

2.3 诚实信用原则

如何衡平好法官的“权力”与民事诉讼当事人、诉讼参与人甚至是案外人的“权利”，诚实信用原则发挥着不可替代的作用。诚如我国台湾地区学者何孝元教授所言：“民事诉讼法虽为公法，但其影响私法上之权利，况至今日，公法亦如私法，须受法律最高准则，即诚信原则之支配。民事诉讼法乃民事法规之程序法；倘其不受诚信原则之支配，则纵使所有民事法规均受诚信原则之规定，亦无法达到公平正义诚实信用原则之最高境界，因此民事诉讼法才要规定诚实信用原则。”〔1〕

2.3.1 诚实信用原则在现代民事诉讼法上的确立及其意义

诚实信用原则作为传统民法中的一项“帝王条款”，在向除了民法之外的其他民事法律制度、甚至是非民事法律制度逐渐“渗透”，就诉讼过程而言，其实质是在人与人之间诉讼交互的过程中设定了一种新型的权利义务关系——一个人的行为必须值得他人去信赖。从这个角度而言，民事诉讼中的诚实信用原则可以说是人们日常交往中所遵循的道德准则的法律化，这项原则的确立必然要求在民事诉讼的全过程中，对于法院、当事人、诉讼参与人甚至是案外人实施法律和道德义务的双重制约

〔1〕 何孝元：《诚实信用原则与衡平法》，三民书局1977年版，第151~152页。

与约束。民事诉讼中的诚实信用原则，要求当事人在诉讼过程中应该真实陈述，诉讼参与人、案外人在诉讼过程中的行为必须出于正当的目的，不得滥用诉权，不得非法侵害他人的合法权利，更不得以不正当的手段收集证据，不得将自己持有的有利于他方的证据无故拒绝提交给法院，不得不正当地形成对于自己有利的诉讼状态。诚实信用原则对于法官的制约作用同样明显：法官或者法院在诉讼过程中，应该秉承保护诉讼当事人实体权利和维护私法秩序的善良初衷自觉履行自己的职责与自由裁量权，查明案件争议的事实，公正地制作民事裁判文书，作出对有关主体不利的裁判时应给予相关主体申辩与说明的机会，不得违背诉讼主体、社会一般价值观念对于法院的印象、非法利用自己的职权形成不利于诉讼公正结果的诉讼状态。诚实信用原则要求诉讼参与人中的证人、鉴定人员等其他诉讼参与人承担真实提供证据、鉴定意见以及附带鉴定资料的义务。总体而言，民事诉讼中的诚实信用原则作为民事诉讼的一项基本原则，以义务性的法律规范形式出现在民事诉讼的立法与司法实践之中，其意义在于对传统的“程序自由”“辩论主义”“处分主义”进行局部修正或者限制，以更加有利于民事诉讼进程中公平正义的分配。

2.3.2 民事诉讼强制措施中诚实信用原则的制度设想与体现

诚实信用原则系民事诉讼法中的一项补充性原则，该原则的有效实施将有利于实现人们对民事诉讼公正、迅速、经济的价值追求。理论上，诚实信用原则除了适用于当事人之外，也适用于法院，规制法院的审判行为。[1]目前，世界各国和地区多在探索如何将诚实信用原则运用于民事诉讼法的基本理论与司法实务，最典型的表现方式就是将诚实信用原则具体化到民事诉讼法的具体制度与条文中，使诚实信用原则具象化，最终目的在于不仅仅对于当事人和诉讼参与人，而且对于法官等司法人员起到一定的权利（力）滥用的制约与威慑作用。根据熊跃敏、吴泽勇的研究，在德国有关诚实信用原则的具象化主要体现为如下几个方面：首先是禁止诉讼主体恶意地制造民事诉讼的法律状态；其次是禁止在整个民事诉讼过程中的诉讼主体的矛盾性行为；再其次是禁止诉讼主体在诉讼中的有关诉讼权能；最后是诉讼参与主体在诉讼上权能的失权。[2]在法国，根据《法国民事诉讼法》第 32 条的规定，对于诉讼拖延或者以其他不正当手段进行诉讼者，可以科处 100 法郎至 1 万法郎的民事罚款；《匈牙利民事诉讼法》也规定，当事人应该正当地行使诉权，不允许当事人进行以诉讼拖延为目的的或者混淆是非为目的的民事诉讼活动。[3]我国《民事诉讼法》第 13 条第 1 款也规定，民事诉讼应当遵循诚实信用原则。通过上述考察不难发现，在民事诉讼过程中权利的滥用、恶意制造虚假的诉讼状态是与各国和地区的民事诉讼立法相违背的。

在民事诉讼强制措施存在的理论基础方面，虽然大多数国家和地区没有采用我国关于民事诉讼强制措施的集中式立法模

---

〔1〕 参见张卫平：“民事诉讼中的诚实信用原则”，载《法律科学（西北政法大学学报）》2012 年第 6 期。

〔2〕 参见熊跃敏、吴泽勇：“民事诉讼中的诚信原则探究”，载《河北法学》2002 年第 4 期。

〔3〕 参见吴英旗：《民事诉讼义务研究》，中国政法大学出版社 2012 年版，第 74 页。

式，但是应该认为，民事诉讼中的诚实信用原则是民事诉讼强制措施的重要存在机理，诚如谷口安平教授所言那样：诚实信用原则在民事诉讼全过程中的适用对象并不仅仅是狭义的民事诉讼中的当事人和法院，还当然包括诉讼过程中法定代理人、诉讼中的代理人、诉讼辅助人、参与到诉讼中的证人和鉴定人。[1] 诚实信用原则在民事诉讼过程中的主要功能在于防止诉讼权利的滥用，保障诉讼程序平等、公正地展开和进行，因此诚实信用原则应该适用于民事诉讼法律关系的各个主体，甚至包括参与到诉讼过程中的案外人。

对于当事人之外的其他诉讼参与人而言，如诉讼代理人、鉴定人员、证人、勘验人员，诚实信用原则对其也具有约束性，主要体现为：不得提供虚假证据或者鉴定意见、不得拒绝提供与案件相关的文书、证人与鉴定人有出庭且真实陈述的义务。且世界大多数国家和地区规定，对于未有正当事由而拒绝出庭作证的证人、鉴定人，法院可以予以拘传，亦可罚款，且拘传与罚款可以并用。此项规定亦应准用于勘验人员和翻译人员。

2.3.3 民事诉讼强制措施中诚实信用原则违反后的程序保障机制

在诉讼过程中，包括民事诉讼强制措施的运用过程中，如果特定主体滥用诉讼权利或者实施了不正当诉讼行为，在确定该项行为是否违反了诉讼过程中的诚实信用原则时，各诉讼参

---

〔1〕 参见［日］谷口安平：《程序的正义与诉讼》（增补本），王亚新、刘荣军译，中国政法大学出版社 2002 年版，第 172 页。

与人均应该享有一定的程序性保障权利。换言之，民事诉讼强制措施中，法院认定某一诉讼参与人甚至案外人因违反诚实信用原则而要科以民事诉讼强制措施时，应该非类似于单向性的行政强制或者行政处罚，而是应该构建一种类似于具有诉讼构造性质的过程，这一过程即体现为赋予民事诉讼强制措施中的不利方以一定的程序保障，这些程序性保障主要体现为以下几点：

首先，对于当事人或者是其他民事诉讼参与人的诉讼行为是否违反了诚实信用原则，是否需要科处民事诉讼强制措施，法院可以依据职权主动查明或者依据有关利害关系主体的申请进行调查，即并非一般意义上的当事人举证事项。其次，赋予违反民事诚实信用原则方当事人的程序异议权。如果一方当事人或者法院认为有关诉讼主体或者诉讼参与人违反了诚实信用原则，要进行一定的民事诉讼强制措施，可以在法院作出民事诉讼强制措施前赋予不利方一定的程序异议权。法院对于民事诉讼强制措施的运用、是否违反了诚实信用原则的程序性异议问题，应该由合议庭予以公开查明，允许被科处强制措施者予以说理，对方当事人也可以进行反驳，法官可以主动发问以查清事实。当然也可以采用法院听证的方式进行，不能因为民事诉讼强制措施的运用具有紧急性，就仅仅追求效率而忽略了其公正性价值。这种程序异议的结果以及程序异议权行使的过程，最终使民事诉讼强制措施的运用成为一种三方主体的互动过程，而不是由法院、法官在极度不透明的情况下单方作出决定，这对提高民事诉讼强制措施的落实效果以及提升法院的公信力都具有极大的意义。再其次，法院经过审查决定之后认为需要采取民事诉讼强制措施的，强制措施的当事人在收到该最终决定的一定期间内可以要求特定法院予以审查。当然，这种审查包含了两个问题：其一，向哪一个法院要求审查，是原法院还是其上级法院？其二，这种要求审查的性质到底是要求复议还是直接提出上诉？笔者认为应该根据民事诉讼强制措施的不同而采取不同的方式，不宜一刀切。比如对于拘传、罚款、拘留这类严重侵害当事人人身和财产利益的民事诉讼强制措施，应该赋予当事人向上级法院进行上诉（抗告）的权利；对于一般的训诫性、责令退出法庭的强制措施，则允许当事人向原审法院申请复议即可。最后，法院在因为特定主体违反诚实信用原则而要运用民事强制措施时，要坚持法院说理原则，且对于重大实体利益问题，法院必须下达书面裁判文书；对于罚款、拘留，则应该制作裁定书，且该类裁定书应该允许当事人予以上诉和发动再审。

2.4 诉讼指挥权

研究诉讼指挥权的基本思路是将诉讼指挥权放至整个司法权中，根据它在司法权中的位置和所处的位阶来进行研究和分析。司法权的内涵因为受到各国传统及不同时代语境的影响，实际上很难以一种普遍接受的观点来定义。总体而言，通过对各国司法制度模式的总体考察，司法权基本可以概括为两类：一类是以美国和日本为代表的一元主义司法权模式，该司法权的运作是以争议事件和争讼行为的需要，通常表现为一种（主要是法院的）裁决活动。另一类是以德国和法国为代表的二元或者称之为多元主义的司法权模式，其中，德国通说认为，作为“司法”这一概念的上位概念应该是德国基本法上的“裁判”这一概念；而法国通说则在理念上严格限定司法权的范围必须是法院对于民事和刑事案件的裁判权的行使，这就从制度上将法院对于各类行政案件的审判排除于国家司法权的范围之外。总体而言，在欧洲大陆国家，司法的任务并不是由司法机关单独来完成的。尽管各国司法权的范围与含义均有所不同，但有一点是共同的，即各国的司法权均以审判权为核心。而审判权又可以分为审理权和裁判权。〔1〕诉讼指挥权是一项附属于司法权的、为了保障司法权的有效展开而衍生的法院的权力。

大陆法系国家的民事诉讼法中没有关于强制措施的系统性规定，并且关于诉讼指挥权的研究大多数是从刑事诉讼法的角度予以切入。笔者认为造成这一现状的原因在于发达国家在民事诉讼中更加侧重于由处分主义和辩论主义构建起来的民事诉讼制度，这种民事诉讼制度相较于我国民事诉讼制度而言，更加强调法官的消极被动、当事人及其代理律师的能动性。因此从资料以及比较法研究的角度，我们也应该更加侧重于利用从刑事诉讼法角度研究诉讼指挥权的资料来比较研究我国民事诉讼中的法官（院）的诉讼指挥权。我国民事诉讼立法所采纳的强制措施之规定，很大程度是以刑事诉讼强制措施为蓝本，因此笔者认为既然现有及相关立法资料没有民事诉讼强制措施的系统化规定，从刑事诉讼角度审视强制措施以及强制措施的救济问题，未免不是一个方法。

正如有日本学者在阐述诉讼法意义上法院（以区别于行政法意义上的法院，所谓行政法意义上的法院具体是指行使司法行政权的作为司法行政机关的法院和包括法院全体职员在内的

〔1〕参见胡夏冰：《司法权：性质与构成的分析》，人民法院出版社2003年版，第195~200页。

以机关为单位的法院）职能所指出的那样：诉讼法意义上的法院是指隶属于法院的法官所组成的行使审判权的机关，法院审判权是指对法律争讼所具有的审理和裁判权限（审判权）以及附属于上述权限的诉讼指挥权、法庭警察权、强制处分权等权限。[1]

2.4.1 诉讼指挥权和法庭警察权[2]

日本的兼子一教授认为，为了使民事诉讼活动审理程序得到迅速进行并且充分发挥作用，制度安排上当然应按照一国的诉讼法律规定的诉讼程序来进行，但同时应该注意需要诉讼法院根据诉讼过程中各种场合发生的特殊情形分别做出适当的处置性行为。为此兼子一教授认为法院在诉讼活动中所拥有的主宰民事诉讼阶段的权能可以叫作法院的诉讼指挥权。兼子一教授认为诉讼指挥权的主体原则上理所当然地为诉讼受理的法院，但是在特殊情况下，民事纠纷案件的审判长作为诉讼案件合议庭的代表或者说代表机关，单独行使诉讼指挥权也是可以的。而诉讼指挥权的内容几乎涉及民事诉讼案件审理的全部过程，兼子一教授认为诉讼指挥权主要包括以下五个方面的内容：第一是关于诉讼进行的有关行为，比如法院依法指定期日，兼子一教授认为此类诉讼指挥权的行使原则上应当采用法院职权主义，完全不需要诉讼过程的当事人进行申请；第二是在审理期日整理诉讼的行为，这是诉讼法院对于诉讼中辩论和调查证据实施的指挥权限，而所谓民事诉讼过程中的法庭警察权则是法

---

〔1〕 参见［日］田口守一：《刑事诉讼法》，刘迪等译，法律出版社 2000 年版，第 146~147 页。

〔2〕 参见［日］田口守一：《刑事诉讼法》，刘迪等译，法律出版社 2000 年版，第 206~207 页。

院或者主审案件的法官为了维护开庭当天的法庭秩序、制止妨害审判的行为而作出必要处置的权能，法庭警察权的行使原因同特定的案件事实本质上没有任何关联，法院针对民事诉讼关系人之外的人也可以行使法庭警察权，所以法庭警察权本质上是不同于诉讼过程中的诉讼指挥权的；第三是法院整理审理的处置，这类权限具体表现为限制审理、分开审理、合并审理辩论的有关程序等；第四是法院为了明了诉讼中的法律关系而进行的有关处置行为，比如法院行使阐明权的行为等，此类诉讼指挥权行使的目的在于帮助诉讼过程中的当事人通过辩论行为最终弄清楚案件事实；第五是驳回当事人进行延误时机的攻击与防御的具体诉讼行为，这类诉讼指挥权的权能主要是指为了防止当事人怠慢或者故意拖延诉讼，法院最终不采纳当事人提供的资料并停止审理的权能。〔1〕

笔者认为，诉讼指挥权是为了诉讼活动有序进行、实现公正的审判而赋予法院的权限。法庭审判时的诉讼指挥，需要法庭根据实际情况灵活掌握，所以这种权限由审判长行使，但是重要的权限由法院行使。当事人对于法院的诉讼指挥可以申请复议或者提出上诉。诉讼指挥权是法院职权的一种，与当事人主义诉讼模式并不矛盾，为了实现当事人主义的诉讼程序，由法院行使适当的诉讼指挥权是必不可少的。

法庭警察权，是受理诉讼的法院为了排除民事诉讼进行过程中的有关妨害诉讼进行的特定行为，达到维护民事诉讼法庭秩序的有关权限的总称。广义的民事诉讼法上的诉讼指挥权应当包括法庭警察权，但是狭义而言，法庭警察权所针对的对象

---

〔1〕 参见［日］兼子一、竹下守夫：《民事诉讼法》，白绿铉译，法律出版社 1995 年版，第 69~70 页。

是在法庭上参与庭审的所有人员（学者中也有人认为，法庭警察权和诉讼指挥权是不同的概念，[1]但笔者认为两者都是为了实现诉讼程序中公正的审判，所以法庭警察权是诉讼指挥权的一种形态）。法庭警察权的行使需要适当、迅速地应对法庭上发生的情况，所以这种权限也由审判长予以行使。根据这种权限，审判长可以使用命令退出法庭、命令禁止发言等维护法庭秩序的措施，其中包括限制有关的主体在法庭拍照、摄影，不允许旁听人员做笔记等。

2.4.2 诉讼指挥权与法庭警察权的违反

对于特定主体违反这种法庭权限行为的制裁有两种类型：(1) 对于不服从法院维护法庭秩序的命令和措施，以粗鲁语言、暴行、大声喧哗等言行妨害法院执行职务或者严重损害裁判权威的，给予拘留或者罚款；(2) 对于构成妨害审判罪的，处以刑罚。前一种类型是由法院自己做出处分；后一种类型是普通刑事案件，由其他法院宣告刑罚。

日本法所规定的裁判种类有判决、决定和命令三类，这相当于广义上的裁判。判决是法院的裁判，原则上必须经过口头辩论才能做出。决定和命令不需要经过口头辩论后做出，但在必要的情况下法院可以调查事实。决定是法院的裁判；而命令是法官的裁判，简易命令也使用命令一词，实际上是命令的特殊形式。总之，根据判断事项的重要程度有上述三种不同的裁判形式。

上述裁判形式的区别导致下述程序方面的差异：第一，判

---

[1] 参见［日］兼子一、竹下守夫：《民事诉讼法》，白绿铉译，法律出版社1995年版，第69页。

决中必须附带理由，因不允许对决定和命令提出上诉，所以决定和命令中不必附带理由；第二，关于上诉的形式，对判决可以提出控诉、上告，对决定可以提出抗告，对命令可以提出准抗告；第三，助理审判员一人只能做出决定和命令的裁判。〔1〕

2.4.3 针对诉讼指挥权违反的救济

在德国和日本的诉讼法律制度上，独立救济作为诉讼当事人诉讼权利救济的主要方式，具体包括以下制度：异议制度（又称准抗告制度）、即时抗告制度、（法律或一般）抗告、再抗告制度以及启动再审程序制度等诸多救济形式。救济方式上，各种救济方式的适用范围有细微的差别，最终形成了一套精细的诉讼权利救济体系。〔2〕

在其他国家和地区的诉讼制度之中，抗告作为一种权利的救济方式是比较复杂的。抗告主要针对的是法院各种各样的决定，这些决定的范围包括了法院行使诉讼指挥权的范畴，允许抗告的决定可以分为有必要立即生效的决定和没有必要立即生效的决定，对于前种决定提出的抗告仅限于缩短提出期限的“即时抗告”，对于后种决定提出的抗告是不限制提起期限的抗告，即通常抗告。明确了抗告的类型后，接着的问题是确定审理抗告的法院。一般国家规定，抗告由高等法院予以审理，而高等法院在级别上通常是做出决定法院的上级法院，既然抗告审理法院集中在高等法院，理所当然地，由高等法院受理对高等法院自己做出的决定所提出的抗告是不合法的，因此，针对

〔1〕 上述关于诉讼指挥权违反的裁判类型，详细介绍可参见［日］田口守一：《刑事诉讼法》，刘迪等译，法律出版社 2000 年版，第 283~285 页。

〔2〕 参见何四海：“当事人民事诉讼权利救济的比较研究——以德国、日本、法国的民事诉讼法为考察中心”，载《湖南大学学报（社会科学版）》2013 年第 3 期。

高等法院自己做出的、又允许当事人提起抗告的决定，日本规定了代替抗告的形式，即对高等法院自己做出的决定可以向高等法院提起“异议申请”[1]。大多数国家和地区，即时抗告的对象包括证人、鉴定人、翻译人员拒绝到场以及到场后拒绝宣誓所做出的决定。即时抗告在性质上应该属于不服法院有关程序终了之后执行或者实现该程序所确定的义务（比如针对证人的罚款），即时抗告有两个重要的特点：提起期间应该受到一定的限制；因提起即时抗告的申请，当然应该停止原裁判的执行。这两点相对于通常抗告而言，是即时抗告最鲜明的特征。对应到我国的民事诉讼强制措施，拘传、拘留具有立即执行性，应该准用即时抗告的规定，罚款可以采用抗告审的程序予以进行。无论是准抗告还是抗告，因为我国没有类似于大陆法系国家的抗告制度，只有划分并不是特别精细的上诉和复议制度，理论上对应到我国也就是允许针对拘传可以提起复议，而针对罚款、拘留可以提出上诉。

所谓准抗告是对于法官做出的一些裁定（国外通常称之为“命令”）不服的人，向该法官所属的法院请求撤销或者变更该裁定。准抗告是针对法官的命令，申请的对象是做出决定的法官的法院。在日本刑事诉讼中，准抗告的对象之一即是侦查机关作出的处分，而侦查机关所做的处分大多数属于刑事强制措施的范畴。在检察官、检察事务官或司法警察职员作出的处分中，对辩护人与犯罪嫌疑人会面的指定，扣押或退还扣押物品的决定不服的人，可以向法院请求撤销或变更该处分。本来对一般行政处分不服的，可以通过行政复议法或行政诉讼法处理，

[1] ［日］松尾浩也：《日本刑事诉讼法》（下卷），张凌译，金光旭校，中国人民大学出版社 2005 年版，第 195 页。

但是刑事程序中的侦查机关作出的处分不属于行政复议法处理的范围。从处分的性质看，需要在刑事程序内迅速处理，因此上述请求都不再适用有关行政诉讼法令的规定。准抗告的管辖法院是与作出该处分的检察官、检察事务官所属的检察厅相对应的法院；对司法警察职员作出的处分，由该职务执行地的地方法院或简易法院管辖。审理准抗告的法院组织有两种：对裁判提出准抗告的，由合议庭受理；对处分提出准抗告的，由独任制法官受理。〔1〕

一般抗告没有停止裁判执行的效力，但是，在原审法院用决定做出抗告裁判前，可以停止执行，准抗告主要是针对法官的命令提出的不服申请，准抗告对于实现正当程序具有重要意义。〔2〕

通过上述分析不难发现，所谓民事诉讼中的准抗告制度亦即异议制度，而抗告救济则是指诉讼中的当事人向原审法院的上一级法院提出的、具有移送审查案件效果的一种民事诉讼权利救济机制或方式。抗告制度与异议制度二者之间的联系之处在于，上述两种制度均是当事人民事诉讼权利的简易救济程序，缘于法院对于该种行为的处理救济无需经过言词辩论程序即可做出。二者之间的主要区别之处在于如下几个方面：首先是受理的法院有所区别，异议是当事人向原审法院提出，而抗告则是当事人向上一级法院提出；其次，异议制度属针对原审不服的救济方式，因此受诉法院不另行开启新的审级，而抗告制度则属于审级救济制度的序列，是民事诉讼上诉制度的具体表现形式之一；再其次，抗告制度在大陆法系国家是有体系化、系

---

〔1〕 参见［日］松尾浩也：《日本刑事诉讼法》（下卷），张凌译，金光旭校，中国人民大学出版社 2005 年版，第 211 页。

〔2〕 参见［日］田口守一：《刑事诉讼法》，刘迪等译，法律出版社 2000 年版，第 283 页。

统化的制度规定的，而异议救济则没有，因此可以认为，作为权利救济方式，民事抗告制度的重要性要高于异议制度；最后，在二者的适用范围上，抗告制度远大于异议制度。

2.5 本章小结

诉讼主体（包括法院）在民事诉讼过程中所承担的诉讼义务，既体现在民事诉讼立法所设立的具体的民事诉讼程序和制度上，也体现在当事人之间甚至是双方当事人与司法裁判者之间的多项诉讼法律关系之中。在奉行法治的国家和地区里面，民事诉讼制度应该是一个能够独立、内部达到系统自洽的系统，也应该能够实现诉讼的经济与效率。就应然的状态而言，民事诉讼的整个过程应该是原告、被告、审判三方主体以诉讼权利、权力、义务为媒介，彼此之间交互运行而又相互配合、互相制衡，最终三方合力共同推进、保障整个民事诉讼程序的有序展开和进行的。甚至民事诉讼的模式论研究者也是从上述三者的关系角度予以研究和予以阐释的。总体而言，民事诉讼的整个过程就是上述三者展开彼此之间互动的一种过程，在这一过程中，民事诉讼强制措施作为法院予以“纠偏”的一种程序性保障措施，其在保障三者良性互动方面的作用自不待言。民事诉讼中，针对法院、诉讼参与人的权利、权力、义务如何进行合理的配置，应该建构一种基本的理论范式、考虑一些基本的理论立足点，因为这样的考虑事关当事人的诉讼权利义务能否得到落实以及具体实现的程度，实现过程中的各项程序性保障措施也就自然不可或缺。目前，各个国家和地区都面临着由于民事诉讼程序本身复杂化、精细化、专业化所带来的当事人行使诉讼权利的困难，甚至是诉讼参与人滥用诉讼程序性的权利而导致诉讼过程的过分迟延与诉讼的不经济。为了矫正诉讼过程中发生的妨害诉讼秩序的不正当行为，节约纳税人支撑下的有限的民事司法资源，在充分尊重当事人诉讼权利、程序自主选择的基础上，对于当事人、案外人在诉讼进程中的权利，尤其是权利的滥用加以限制，为民事诉讼过程中相关的诉讼参与主体设定一定的诉讼义务，应该说是一种理性和应然的选择。在优化诉讼程序，推进诉讼程序良性发展方面，民事诉讼强制措施作为一种保障性、维护性民事措施，其意义还是非常明显和突出的。

第3章

民事诉讼强制措施的性质

一般认为，民事诉讼强制措施的目的在于法院强制一定的主体因为其拒绝服从法院的命令而遭致监禁或者一定数额的罚款。〔1〕与刑事强制措施不同（刑事强制措施制度设计的目的在于惩罚不遵守法庭秩序的人），民事诉讼强制措施的目的在于强迫违反民事诉讼秩序的人服从于法院的命令，进而遵守诉讼的有关要求。〔2〕因此，对于被科以民事诉讼强制措施者，如果他（她）遵守了法院的命令或者遵守法院规则，将被释放。从这个意义上而言，被科以民事诉讼强制措施的人，拥有“掌握着自己诉讼命运的钥匙”（carries the keys to his own cell）。〔3〕

3.1 民事诉讼强制措施的性质

民事诉讼强制措施针对的对象是诉讼进行过程中妨害诉讼进行的具体行为，通过梳理民事诉讼立法及最新的司法解释，民事诉讼中妨害民事诉讼秩序的行为从理论上可以分为如下几

〔1〕 See Gompers v. Bucks Stove & Range Co. quoted from Linda S. Beres, “Civil Contempt and the Rational Contemnor”, 69 *IND. L. J.* 723, 1994, p. 723.

〔2〕 See Gompers v. Bucks Stove & Range Co. quoted from Linda S. Beres, “Civil Contempt and the Rational Contemnor”, 69 *IND. L. J.* 723, 1994, p. 723.

〔3〕 See Linda S. Beres, “Civil Contempt and the Rational Contemnor”, 69 *IND. L. J.* 723, 1994, p. 723.

类：有关诉讼参与主体扰乱民事诉讼法庭审判秩序的行为；有关人员具有侮辱伤害司法人员（包括审判与执行人员）的行为；负有履行义务主体不履行诉讼义务的行为；有关主体妨碍执行的行为。

研究民事强制措施的性质的基本进路可以概括为两种：一种分析的思路是从应然角度而言，将民事诉讼强制措施放至整个司法行为之中或者说从民事诉讼强制措施与司法权的关系方面予以分析；另外一种分析的思路是从实然角度，也就是从现有民事诉讼强制措施具体的规定类型角度予以分析。通过上述两个脉络的梳理，最终探求民事诉讼强制措施的性质。

3.1.1 关于民事诉讼强制措施性质学说理论的介评

关于妨害民事诉讼强制措施的性质，通过对于当下学者研究的梳理，主要存在以下几种代表性学说和观点：（1）保障措施说〔1〕；（2）处罚说〔2〕；（3）制裁说〔3〕；（4）强制教育手段说〔4〕；（5）司法强制手段说〔5〕；（6）具体分析说〔6〕；（7）三重内涵说〔7〕。

通过以上梳理不难发现，学者关于民事诉讼强制措施的属

〔1〕王怀安主编，全国法院干部业余法律大学民事诉讼法教研组编写：《中国民事诉讼法教程》（新编本），人民法院出版社 1992 年版，第 204 页。

〔2〕王锡三：《民事诉讼法研究》，重庆大学出版社 1996 年版，第 298 页。

〔3〕常怡主编：《民事诉讼法学》，中国政法大学出版社 2008 年版，第 251 页。

〔4〕柴发邦等撰：《民事诉讼法学新编》，法律出版社 1992 年版，第 267 页。

〔5〕张卫平：《民事诉讼法》，法律出版社 2013 年版，第 269 页；江伟主编：《民事诉讼法学原理》，中国人民大学出版社 1999 年版，第 559 页。

〔6〕杨荣新主编：《民事诉讼法学》，中央广播电视大学出版社 1995 年版，第 184 页；江伟主编：《民事诉讼法》，中国人民大学出版社 2000 年版，第 185 页。

〔7〕教育部高等教育司组编，吴明童主编：《民事诉讼法》，法律出版社 1999 年版，第 222 页。

性，并未形成通说。关于妨害民事诉讼强制措施性质的争议其实本质上可以归结为一点：民事诉讼中的强制措施到底是不是一种法律制裁。从这个角度出发，上述七种代表性观点其实可以归结为四类：

其一，认为民事诉讼强制措施的性质不是一种法律制裁，而只是一种“教育手段”“强制教育手段”“排除方法”“强制手段”，这一观点长期以来是民事诉讼强制措施的立法和理论研究方面的主导性学说。其二，认为民事诉讼强制措施是一种法律制裁方式或者手段。在妨害民事诉讼中的“违法”，既包括违反实体法，也当然包括违反程序法。按照一般的诉讼法理，有关主体滥用诉讼权利或者恶意逃避诉讼过程中其应当承担的义务本身就构成行为的违法，这样的违法行为必然伴随一定的法律后果。依据民事诉讼法的相关规定，对违法行为者依法适用民事诉讼强制措施，其本质就是对妨害民事诉讼行为者的一种惩罚，这种惩罚从性质上而言构成当然意义上的法律制裁，坚持这一观点的学者最早可见的是田平安教授，但是民事诉讼理论研究界真正认可这种观点的人为数不多。但随着程序制裁理论研究的深入，这种观点在最近有持续走热的趋势。其三，折衷说，持此论者的基本观点为：民事诉讼中的强制措施是一种具备制裁性质的教育手段（方法），该学说实质为第一种观点的变种，即还是强调民事诉讼强制措施本质上为强制手段，只是该观点通过考察现有民事诉讼强制措施立法规定，加入了一些强制手段的例外情形，使得逻辑上较之第一种观点更为周延，应该承认，这种观点已经取代第一种学说成为当下民事诉讼理论界的主流观点。其四，性质双重但有主次关系说，此说论者认为民事诉讼强制措施首先或者说主要性质是强制手段或者教育手段，但是同时兼具特定情形之下某些特殊类型的民事诉讼强制措施具有制裁性或者暗含有制裁性的因素。但是这种制裁所指对象语焉不详，因为一般认为，强制措施的运用概因对于违反程序的主体行为评价其具有“程序性违法”事实，这种程序性违法事实追究的是行为主体的程序法责任，但是如果程序性制裁的前提行为业已违反了实体法规定的时候，这种制裁已经不属于单纯的“程序性违法”,〔1〕也就不再属于程序性制裁的范围了。同时如果认为该学说坚持的民事诉讼强制措施的性质为制裁说，该种制裁既包括了程序违法制裁，又包括实体违法制裁，则这样的实体性制裁本身就为“惩罚说”这一理论所包含。因此上述理论本质上对于“制裁说”并没有颠覆性重构，只是有关理论的重述，没有任何新意，只是借鉴刑事诉讼法学领域基于刑事强制措施具有惩罚性这一功能定位而予以不加思考地机械照搬到民事诉讼法学研究的一种做法。从诉讼法理的源头上来说，程序性制裁的对象也应该不仅仅包括作为普通自然人意义上的诉讼参与人，还应该包括侦查人员、检察人员和法官，其也是一种追究警察、检察官和法官程序性违法之法律责任的方式。通常情况下，“程序性制裁”与“程序性法律责任”是可以通用的。与一般的违法不同，程序性违法主要是指参与诉讼程序的警察、检察官、法官违反法定诉讼程序的行为，这种行为由于不同程度地侵犯了公民的基本权利，破坏了法治的基本原则，因此具有公共侵权行为的性质。〔2〕

世界上没有任何一个人会为了法律所保护的社会公共利益而将自己本身的那份法律所保护的自由毫无代价、没有任何保

〔1〕 陈瑞华:《程序性制裁理论》，中国法制出版社2010年版，第106页。

〔2〕 参见陈瑞华:《程序性制裁理论》，中国法制出版社2010年版，第105页。

留地捐献出来，这只是我们每个人不切实际的浪漫的空想而已。只要有一点点的可能，我们自己当中的任何一个独立的个体都是希望我们自己可以约束别人而不是由他人来约束我们自己，我们每个人都希望我们自己成为这个世界上的一切组合主体的中心那个人。〔1〕个人违背社会为每个人预先设定的行为规则，是人类社会中常见的现象，因此为了保障社会共同体生活的有序，任何人都不可能任性而为，都要对于他人或者国家权力的行使承担必要的容忍义务。从民事诉讼的角度，诉讼主体对于国家公权力行使的司法审判权的容忍义务之所以存在，是因为诉讼秩序和诉讼效率的需要。诉讼程序本身是通过国家公权力的方式，强制性解决争议主体之间的纠纷，如果有关的主体在诉讼进程中有实施破坏诉讼秩序的行为，造成的必然结果是诉讼程序本身的不安定。诉讼追求的价值之一是诉讼效率，为了迅速及时地解决相关民事纠纷，司法机关必须在法定期间或者诉讼时效之内，付出高昂的诉讼成本来解决纠纷，反之，没有诉讼参与主体的容忍义务，而任由不提出文书、拒绝出庭作证行为的发生，则诉讼中的争端始终无法得到解决。诉讼参与主体对于民事诉讼中法院采取的民事诉讼强制措施必须承担必要的容忍义务，这种必要的容忍义务，造成的外在表象即是：司法机关对于民事主体的权利采用了“合法入侵”这种模式。但诉讼主体的容忍义务有一定的最低限度，因此国家运用民事诉讼强制措施过程中超过了这个最低限度造成的就是权力的滥用。

〔1〕 参见［意］贝卡里亚：《论犯罪与刑罚》，黄风译，中国大百科全书出版社 1993 年版，第 8 页。

3.1.2 民事诉讼强制措施性质的应然探求：强制和矫正

上述种种性质论与其说是法解释结论的直接支撑点，毋宁说更具有强烈的“为了理论化及体系化而为之”的色彩。〔1〕关于民事诉讼强制措施性质这一问题的讨论，最终要回归到民事诉讼强制措施的目的论这一原点来进行：惩罚抑或强制。

民事诉讼强制措施研究的核心，在于对“强制”这一概念的正确理解。只有我们作为主体的人了解了一个事物的具体概念，我们才能真正地了解法律中的权利、法律概念的含义、生活习惯以及与国家相关的道理。〔2〕哈耶克指出：所谓强制的(coerced) 具体含义是指（特定主体）受到一定的人或者受到来源于机构的驱使而被迫做一些自己不情愿的事情，当一个特定的违背自身意愿的人被迫采取行动以服务于另一个人（或者机构）的意志，也就是说一个人被迫实现他人（或者机构）的目的而不是自己的目的的时候，便构成了法律和人身意义上的强制；同时，在此特别值得强调的一点就是，强制是法律予以认可的一种必要的恶，这种强制会阻止了一个自由意志的人充分运用他（她）自己的思考能力，从而在最终结果上也阻止了他（她）有出于自身自由意志可能为社会或者他人作出他(她) 原本完全可以作出的自身所能够作出的最大贡献。〔3〕在民事诉讼过程中，为了保障诉讼程序的顺利展开，民事审判权

---

〔1〕 参见［日］高桥宏志：《民事诉讼法：制度与理论的深层分析》，林剑锋译，法律出版社 2003 年版，第 334 页。

〔2〕 参见［美］梯利：《西方哲学史》（增补修订版），葛力译，［美］伍德增补，商务印书馆 1995 年版，第 483 页。

〔3〕 参见［英］弗里德利希·冯·哈耶克：《自由秩序原理》（上卷），邓正来译，生活·读书·新知三联书店 1997 年版，第 163 页。

的运行往往都涉及民事诉讼强制措施的运用，因此从诉讼程序的运行角度，民事诉讼强制措施是一种必要存在的恶。当然，强制并不意味着被强制者根本无法作出任何出于个人意志的选择，尽管被强制者拥有选择的机会或者权利，但是被强制者面临的种种替代性选择却是由强制者作出的圈定，因此被强制者只能作出符合强制者意图的选择，从这个角度也就意味着，强制是一种服从，而一旦被强制者服从于强制者的意志，强制本身就被卸除。除了在选择的过程中被强制者的意志控制之外，被强制者不会承担余外的对己不利的后果。

法律意义上的惩罚从特定的意义上而言也是一种国家司法的强制，惩罚往往与有关主体违反相应的规则紧密联系在一起，惩罚对于一定的主体而言是一种不利的后果，换言之，一定程度上我们完全可以将法律意义上的惩罚解释为法律或者强制机关对于行为人因为其自身违反规则所导致的一种“报应”。〔1〕比如对于违反诉讼法律秩序的人处以罚款以强制其实现和履行正常的诉讼义务。强制从内涵上而言是指国家通过行使公权力所赋予的强制力，对不履行义务的责任主体强制其履行特定义务的责任方式，从外延角度而言，强制具体的方式包括对于人身的强制和对于有关主体责任财产的强制。〔2〕国家强制虽然也是由国家施加的痛苦或者不利后果，但是一般情形下是不构成惩罚的，比如国家为防止传染病的传播而对传染病患者采取的隔离措施。在隔离情形下，国家有合法权威把个人人身限制于某项场所，这项限制不是因为犯罪的发生，而是因为这样做能够

〔1〕 参见王立峰：《惩罚的哲理》，清华大学出版社2006年版，第7页。

〔2〕 参见张文显主编：《法理学》，高等教育出版社、北京大学出版社1999年版，第128页。

控制传染病的传播。〔1〕“惩罚是含有某种目的的，在报应主义看来，惩罚的目的是报应；在功利主义看来，惩罚的目的是威慑。”〔2〕

民事诉讼强制措施的运用目的具有矫正性，这种矫正性主要体现为或者原因在于，运用民事诉讼强制措施能够“威胁”对抗诉讼秩序或者不服从法庭命令的人，通过这种国家强制力下的威慑作用，迫使当事人服从和遵守相应的诉讼规则并放弃对于诉讼秩序的对抗。当法院宣布：如果有关的诉讼参与人不服从诉讼秩序或者法院的命令，则有可能被处以罚款或者拘留，在这样的情境之下，其实法院是在“预告威胁”，通过这种“杠杆”调节作用以强迫有关诉讼主体服从于法院的命令或者诉讼秩序。法院的这种“预告威胁”对于诉讼中的某方当事人而言必然是受益的，因为通过这种程序的运用，法官推进了诉讼的进程、消除了诉讼中的妨害因素，最终实现了保护对方当事人诉讼权利的目的。一旦在法院的强制之下，违反法庭秩序的一方服从了法院的诉讼秩序，则该方持续性的过错行为消除，即过错方的行为得到了矫正。

但是在法院采用强制措施迫使违反诉讼秩序的人予以服从的过程中，不可避免地包含了惩罚性因素。法院强迫违反诉讼秩序的人放弃抵抗，进而服从的主要手段是各种“威胁”，比如拘传、罚款甚至拘留。这种强制措施运用的结果是产生了一种容易被人忽视的惩罚性衍生品：违反法庭秩序者之所以最后服从于法院的命令最大的原因在于国家强制力背后蕴含的惩罚力量。从这个角度而言，民事诉讼强制措施在某些方面是具有惩

〔1〕参见王立峰：《惩罚的哲理》，清华大学出版社2006年版，第24页。

〔2〕王立峰：《惩罚的哲理》，清华大学出版社2006年版，第10页。

罚性因素的，因为民事诉讼强制措施的目的在于矫正违反诉讼秩序者的行为，最终引致反抗者的服从，从这个意义上可以这么认为：正是通过法院“预告威胁”中的“惩罚”的“暗示性”最终达到了强制反抗者放弃反抗行为的目的。

民事诉讼强制措施的运用讲求“比例原则”，也就是学者通常所主张的：对违反民事诉讼秩序的人科以的民事诉讼强制措施的种类及强度要与行为人违反诉讼秩序的行为呈正比例关系。这样的论证导致的必然结论就是：民事诉讼强制措施只要足以矫正行为人的过错即可，但是此论点明显忽视了民事诉讼强制措施的惩罚性这一基本内涵，民事诉讼强制措施可以强制违反法庭秩序的人得以服从法院诉讼秩序而为或者不为特定行为的唯一正当性理由或者说存在基础就来源于违反法庭秩序者有可能会遭受潜在的惩罚。

那么民事诉讼强制措施中的惩罚性表现在哪些方面呢？

在美国著名的西克森案件中，美国联邦最高法院有如下一段判词：“在违反法庭秩序（藐视法庭）的案件中，无论是刑事还是民事案件违反法庭秩序的救济都可以视为拥有两方面的作用：矫正与惩罚功能。当法院对于违反法庭秩序者科以罚款或者惩罚的时候，法院不仅仅是为了维护法律的权威，而且是为了矫正违反法庭秩序者的行为，从而达到参与诉讼行为中的主体符合法院的命令的效果。”〔1〕

事实上，在区分民事诉讼强制措施的目的在于矫正功能而刑事强制措施在于惩罚功能时，这种区分本身就容易造成误解。从一定意义上而言，民事诉讼强制措施中的“惩罚”也是为了

---

〔1〕 Linda S. Beres, “Civil Contempt and the Rational Contemnor”, 69 *IND. L. J.*, 723, 1994, p. 724.

矫正，惩罚只是手段，或者说民事诉讼强制措施中的惩罚功能只是发挥矫正功能的司法衍生品。从这个角度予以理解的话，不难发现美国最高法院在西克森案件中的判词是很有道理的，民事诉讼强制措施是包含着惩罚性因素的，惩罚始终会发挥两方面的作用，即遏制与威慑。我们因此不能简单地说民事诉讼强制措施的性质具有单一性，它在发挥矫正作用的同时，通过特定案件某些特殊强制措施惩罚性功能的运用，也在发挥着遏制与威慑的功能。

虽然刑事强制措施的适用在很多方面与普通刑事犯罪的构成要件有很大的差别，但是本质上而言刑事强制措施确实具有惩罚性——刑事强制措施关注于一个人的过去的行为，其因为违反了刑事诉讼程序而应该予以惩戒；但是民事诉讼强制措施的适用是因为有关主体在民事诉讼进程中没有遵守法庭的秩序或者违反了法庭的秩序，民事诉讼强制措施的运用关注于未来——虽然说民事诉讼强制措施的运用也是一个人的过往行为造成的，这种关注于未来的主要考量在于：对于一个违反了民事诉讼强制措施的主体科以一定的强制措施，能否矫正或者强制一个人服从法院的命令或者审判秩序，如果对一个人处以一定的罚款、拘留等措施从结果上而言不能对违反民事秩序的行为进行矫正或者强制也不能达到相应的效果的话，则民事诉讼强制措施失去了其运用的基础，这种情形下，对于一个人的行为再处以一定的外在强制的话，已经超越了民事诉讼强制措施的范畴，这种外在的惩罚甚至已经属于刑罚的范畴，但无论如何已经不属于民事诉讼强制措施了。“在惩罚行为不当所犯的错误，或者依据他（她）过去所犯错误对他（她）施加惩罚，一个理性的人不能根据行为不当者过去所犯的错误来施加惩罚，毕竟覆水难收，他（她）所要考虑的是未来，即如何防止行为不当者再次犯错，或者通过施加惩罚的场面，防止其他人犯同样的错误。”〔1〕从柏拉图的论述中我们也不难发现，惩罚本身不是最终的目的，惩罚在于矫正、威慑，从这个意义而言，民事诉讼强制措施中的罚款、拘留等事后强制措施，是一种制裁性强制措施。

3.1.3 民事诉讼强制措施的实然定位

民事诉讼强制措施的性质是否应当属于一种行为人因违反民事诉讼法所确定的诉讼秩序而遭致的秩序罚？对于秩序罚问题研究比较深入的是行政诉讼法学领域，而我国民事诉讼法学领域对于这一问题的关注显然远远不够。而根据行政诉讼法学者的通行观点，最狭义的行政法上所讲的制裁仅仅是指作为行政主体的行政机关，为了维持一定的行政（诉讼）秩序，对于违反行政法上的义务的人（包括行政相对人）处以的除了刑事处罚以外的、以秩序罚为典型内容的处罚行为。而执行罚则是指行政程序中的义务人（主要是行政相对人）不履行法定义务，而该义务又不能由他人代为履行的时候，享有行政法上执行权的机关可通过使不履行义务的法定义务人承担新的持续不断的给付义务，促使负有履行义务的主体履行其特定的义务。〔2〕为了准确地理解和把握作为行政处罚类型的秩序罚，我们需要将秩序罚与执行罚二者之间的区别界定清楚。所谓执行罚是作为行政主体的行政机关为强制义务人（主要是行政相对人）履行行政法上所预先设定的义务，立法预先对于负有履行义务的义

〔1〕 转引自王立峰：《惩罚的哲理》，清华大学出版社 2006 年版，第 4 页。

〔2〕 参见应松年：“中国的行政强制制度”，载全国人大常委会法制工作委员会、德国技术合作公司编：《行政强制的理论与实践》，法律出版社 2001 年版，第 8 页。

务人宣告的：如果其不履行作为或者不作为的义务将被施以一定惩罚的告诫；当负有履行义务的主体逾期不履行义务时，通过国家威慑力（如罚款和拘留）强制义务人履行义务的强制执行制度。

通过梳理上述行政法学者的研究我们不难发现，秩序罚与执行罚均为国家对违反行政法上法定义务的人施加的一定程度的处罚，并且均以行为主体违反行政法上的义务为前提条件。但是，二者存在本质的差别：行政法上的秩序罚以维持特定的或者说既定的行政法律秩序为目的和出发点，秩序罚重点在于强调对于特定行为人因为其过去所实施的不恰当的违反行政法上相应义务的行为进行的事后性追究；而诉讼法上的执行罚则是以督促负有履行义务的人强制或者违反其意志去履行特定的行政法上的义务为目的，执行罚本质上在于重点强调或者着重实现与该行政法上对应的义务已经被履行的同一或者说最终结果状态。因此，执行罚从本质上讲并非是一种处罚措施或者行为，执行罚本质上而言是属于行政法上的一种特定的强制性执行的手段而已。〔1〕

作为一种最为典型的秩序罚，对于违法主体处以罚款不但广泛存在于一般行政法领域，同时罚款也普遍存在于三大诉讼法领域之内。与一般行政法上的罚款设定的目的在于维护行政秩序，并且罚款是针对违反行政法义务的行为施加的行政性制裁相似，在三大诉讼法领域，罚款也是为了维护三大诉讼法上的秩序而针对违反诉讼法上特定义务的有关主体的行为实施的制裁。通过对其他国家和地区立法的考察，以证人出庭作证为例，为严格贯彻和落实民事诉讼中的直接言词原则，世界主要国家的诉讼法均将出庭作证规定为证人对代表国家行使裁判权的

〔1〕 参见占善刚："民事诉讼中罚款之检讨"，载《法商研究》2013年第6期。

法院所负的一项诉讼法上的义务，并且各个国家为了促使证人能够积极履行出庭作证的义务，均规定证人如果违反了该项义务的话，证人将受到（民事、行政、刑事）罚款等类似措施的制裁。

《德国民事诉讼法》第 380 条第 1 款规定："经合法传唤而不到场的证人，可以不经申请而命其负担因不到场而生的费用，同时可以对他处以违警罚款，不纳罚款时，对他科以违警拘留。"〔1〕《日本民事诉讼法》第 192 条第 1 款规定："证人没有正当的理由而不出庭时，法院可裁定其负担由此产生的诉讼费用，并处以 10 万日元以下的罚款。"〔2〕《日本刑事诉讼法》第 150 条规定，证人受到法院的合法传唤没有任何正当的理由却拒绝予以出庭的，受理案件的法院可以裁定对相应的主体科处 10 万日元以下的因为违反诉讼秩序的罚款，并且这些主体还需要赔偿由此而生的诉讼费用。《日本行政案件诉讼法》第 7 条规定：关于行政案件的有关诉讼，本行政诉讼法没有予以明确规定的事项，则一律适用民事诉讼法的相关规定或者类似规定即可。〔3〕由上述介绍可以看到，在日本的行政诉讼中，证人无正当理由不履行出庭作证义务时，同样会被法院处以 10 万日元以下的罚款。如果将行政法上的罚款与民事诉讼中以证人违反作证义务所受制裁为典型例证的诉讼法上的罚款进行比较，那么不难发现二者虽然存在某些形式上的差异，但是在实质上并无区别。具体而言，虽然行政法上的罚款以行为人违反一般行政法上的义务为前提条件，而民事诉讼法上的罚款以行为人违反

〔1〕 法条参见德国贝克出版社编：《德意志联邦共和国民事诉讼法》，谢怀栻译，中国法制出版社 2001 年版。

〔2〕 法条参见《日本新民事诉讼法》，白绿铉编译，中国法制出版社 2000 年版。

〔3〕 参见占善刚："民事诉讼中罚款之检讨"，载《法商研究》2013 年第 6 期。

诉讼法上的义务为前提条件，但是二者的实施均是为了维持一定的秩序并且均具有制裁的性质，因而都属于秩序罚。[1]或许是由于从1982年《民事诉讼法（试行）》时起，我国立法中即将罚款作为“对妨害民事诉讼的强制措施”之一予以专章规定，我国学术界和司法实务部门对于民事诉讼中罚款的性质长期以来一直缺乏清晰的认识，这反过来似乎又间接促成立法机关针对民事诉讼中罚款的错误修改。在1982年《民事诉讼法（试行）》到1991年《民事诉讼法》时期，人们基本上认为民事诉讼中的罚款是诉讼上的强制手段，而不是法律制裁，这种强制手段是制止和教育手段而不是处罚手段，因而认为罚款不同于刑事制裁、民事制裁和行政制裁，乃是保障民事诉讼而根据民事诉讼法所设的特殊的教育方法和保障手段。

在我国现有的民事诉讼强制措施体系中，如下方面体现了民事诉讼强制措施秩序罚的性质：第一，逾期举证行为属于当事人或者负有协助义务的第三人违反诉讼法义务的行为。根据上述我们的分析，人民法院对负有举证义务的主体科以的民事罚款从性质上来看应当属于秩序罚的范畴。第二，民事诉讼中有关主体扰乱法庭秩序的行为，对于该行为予以处罚本质上并非因有关主体违反了民事诉讼法上的义务，而是因为其违反任何行为主体都负有的遵守公共秩序的义务。从这个角度而言，人民法院对于民事诉讼活动中扰乱法庭秩序行为进行的罚款、责令退出法庭、训诫等处罚均应归属于秩序罚的范畴之内，概因为对该行为处以训诫、责令退出法庭、罚款等处罚的目的在于维护民事审判秩序这一公共秩序。第三，伪造、毁灭证据，

---

〔1〕参见［日］盐野宏：《行政法》，杨建顺译，法律出版社1999年版，第7、178页。

以暴力、威胁、贿买方法阻止证人作证的行为，以及对司法工作人员、诉讼参与人、证人等人员进行侮辱、诽谤、诬陷、殴打或者打击报复等行为，上述类型化的描述明显也不属于违反民事诉讼法上义务的行为，而仅仅是特定行为主体实施了一般意义上的不法行为而已，尽管如此，人民法院对上述违法行为进行的训诫、责令退出法庭、罚款等仍然应归属于秩序罚的范畴之内。

3.2 民事与刑事诉讼强制措施的区别

3.2.1 两者目的不同

民事诉讼强制措施与刑事诉讼强制措施的区别在于两者对于违反主体的处罚所呈现出来的特点是不同的：如果这种惩罚本身是可以矫正的，则这种强制措施属于民事诉讼强制措施；反之，如果这种惩罚只具有单纯的惩罚性，目的纯粹是为了维护法庭的权威性，则这种强制措施就是刑事的。[1]大体而言，一个人因为过去的行为而遭受了法院的惩罚，则一般应认定为刑事强制措施，并且这种惩罚通常为监禁或者确定数额的罚金，法官并没有过多的自由裁量权；如果一种处罚是矫正性质的，其目的在于矫正一方主体在诉讼中对另一方主体造成的损失，这种强制措施的目的在于强迫有关主体遵循法庭的秩序或者命令，因此这样的处罚是附有条件的，当有关主体遵循了法院的命令或者秩序后，则有关的处罚即刻被卸掉，处罚的行为对象具有现实发生性，则此种强制措施可以归属于民事诉讼强制措

---

〔1〕 See Margaret Meriwether Cordray, “Contempt Sanctions and the Excessive Fines Clause”, 76 *N. C. L. Rev.* 407, 1998, p. 411.

施的范畴之内。

民事诉讼强制措施的目的在于强制一定主体为或者不为一定的行为，虽然民事诉讼强制亦有类似于刑事诉讼强制措施的处罚规定，比如予以监禁或者科以一定确定数额的罚款，但是这种罚款是向法院予以缴纳的，上述这样的处罚措施都是立法预先予以列明和附有相应的处罚条件的，通过这种预先立法，民事诉讼强制措施的针对对象可以通过遵从法院或者法官的命令以达到避免这种处罚的目的。这种民事诉讼强制措施明显带有矫正性，因为此种强制的目的在于强制违反诉讼秩序的人按照法院诉讼秩序的要求行事即可。

上述关于刑事与民事诉讼强制措施的区分，在很多时候也是相对的，因为很多时候对于违反民事诉讼秩序行为的处罚也带有一定程度的刑事诉讼强制措施“惩罚性”的外观，因此从二者适用的目的论角度予以区分变得越来越困难，甚至在个案中难以识别。[1]客观说来，无论是从外在表现形式，还是从二者的作用来看，当下我国立法中的刑事与民事诉讼强制措施都具有某种程度的相似性。比如在民事诉讼案件中，对于违反民事诉讼秩序的主体科以处罚从效果上来看具有矫正性，但是这种民事诉讼强制措施的运用不可否认也具有维护法院或者司法权威这一刑事诉讼强制措施所具有的目的。同样，在刑事诉讼程序中，对于违反刑事诉讼程序的主体科以监禁刑的目的在于惩罚，是对于刑事司法权威进行挑战的惩戒，但是这种刑事强制措施的惩戒性运用同样也可能避免有关主体反复的不遵守法

〔1〕 See Earl C. Dudley, Jr. ,“Getting Beyond the Civil/Criminal Distinction: A New Approach to the Regulation of Indirect Contempts” quoted from Linda S. Beres, “Civil Contempt and the Rational Contemnor”, 69 *IND. L. J.* 723, 1994, p. 725.

庭秩序的行为的发生。

造成上述民事诉讼强制措施在于“强制”而刑事强制措施在于“惩罚”这两种功能区分困难的原因在于，近代包括我国在内，民事“强制”处罚范围的外延大大拓展了，甚至民事诉讼强制措施的作用范围已经侵入原本属于传统刑事诉讼的领域。在传统民事诉讼的领域，民事诉讼强制措施大多被限定于法院试图通过民事诉讼强制措施的运用来达到实现诉讼主体以积极作为形式来完成一定的民事诉讼的效果，比如强迫证人作证、文书强制提出命令等。在上述情况下，如果有关主体拒绝予以配合的话，法院可以对有关主体科以一定数额罚款或者监禁直至其履行相关的行为。

在现代民事诉讼模式之下，法院更加积极地运用“禁令”和“强制”双轨制的民事诉讼强制措施。除了上述传统运用民事诉讼强制措施的目的外，通过对民事诉讼活动的主体科以监禁或者按日计算的罚款，强制当事人遵守复杂的民事诉讼程序，比如民事侵权诉讼中的诉前禁令制度。在上述情形中，违反民事诉讼秩序的主体被强制服从一定确定的惩戒、附解除条件的服从，民事诉讼的主体被处以宽泛的、附加有多种遵守规则的罚款，目的在于确保当事人的行为符合法院在民事诉讼中各种各样的要求。〔1〕

---

〔1〕 比如法院可以在违反民事诉讼程序之前向当事人宣告：对于当事人违反法庭秩序的行为，每次违反罚款500元，因为过往当事人有不服从法院诉讼秩序的行为，法院同时宣告，将来如果违反类似秩序，罚款5000元，并要求当事人预先予以缴纳，在将来不违反民事诉讼秩序的情形之下予以返还罚款。这样的措施运用带有了明显的惩罚性质，因为单纯从程序保障、强制当事人服从法院命令或者秩序这个角度，法院只应该对已经发生或者正在发生的行为予以处罚，而不应当对于将来可能发生的行为预先予以惩诫。

虽然一定程度上说来，从程序运用的目的论角度，刑事诉讼强制措施与民事诉讼强制措施的区分是难以把握的，但是总体而言，被科以强制措施者，从程序保障论角度而言，相较于民事诉讼强制措施的承受者，对刑事诉讼强制措施的承受者的程序保障明显更高。比如无罪推定原则的运用，正当程序保障原则在刑事诉讼强制措施的案件中体现得非常明显。然而，民事诉讼强制措施的针对对象并没有受到上述程序的保护，民事诉讼强制措施的程序运用保障甚至比不上通常民事诉讼程序案件审理中的保障力度。〔1〕

与刑事强制措施的运用不同，在民事诉讼强制措施运用的案件中，法官拥有巨大的自由裁量权，如果有关的主体在诉讼过程有任何不遵守法规、司法解释等抽象性立法的行为，甚至仅仅是对审判组织的不尊重，或者有阻碍诉讼进程的行为，都可能承担民事诉讼强制措施的相应法律后果。具体而言，这些违反民事诉讼强制措施的行为可能包括但不限于以下几个方面：扰乱审判的行为、有辱法官的行为、破坏禁令的行为、不执行法院命令行为、拒绝作证行为（含文书拒绝提出）、拒绝泄露有关主体行踪的行为。本书写作过程中，主要围绕着行为人拒绝遵守法院在审理民事案件过程中的规则，针对这种违反行为，法院会主要采用两类民事诉讼强制措施：其一是法院会强制当事人服从于一定的规则；其二是法院会在某些时候对于一定的民事诉讼强制措施违反者处以一定的惩罚。〔2〕

民事诉讼强制措施与刑事强制措施的目的不同，决定了法

〔1〕 See Margaret Meriwether Cordray, "Contempt Sanctions and the Excessive Fines Clause", 76 *N. C. L. Rev.* 407, 1998, p. 410.

〔2〕 逾期证据不失权，但是法院要科以一定的罚款便是代表。

官在不同诉讼程序中采用上述两种强制措施的具体做法也就有所不同。如果法官的目的在于诱导违反民事秩序的主体最终遵守民事诉讼规则和秩序，则法官必须给予违反秩序者以一定的激励机制，这就要求民事诉讼强制措施运用的时候，应该是模糊的或者是具有前提条件的处罚，这些强制措施最终都会因为当事人遵守相应的诉讼规则而予以撤销；刑事强制措施则不同，刑事强制措施强调惩罚性，这就要求刑事强制措施的运用是明确的且是无条件的，无论未来被科以刑事强制措施的人会否遵守刑事诉讼规则，刑事强制措施的运用都不会受到影响。

从采取的强制措施的主体角度而言，二者亦有不同，民事诉讼强制措施的适用主体为法院，而刑事诉讼中诉讼阶段不同，分别可由法院、检察院、公安机关（包括国家安全机关）来予以适用。

3.2.2 两者程序保障理念不同

强制措施的惩罚性（刑事）抑或强制性（民事）性质决定了该措施的被动接受方所受到的国家程序保障的强度，换言之，程序保障与强制措施运用的强度呈现正比例关系。刑事诉讼强制措施的运用会受到来自宪法“人权保障”理念所确认的严格正当程序的保护，相比较而言，民事诉讼强制措施的被动接受者所受到的诉讼程序的保障是远远不及刑事诉讼强制措施的。一个民事诉讼强制措施的违反者，可能会被拘留较长的时间，尽管他（她）永远没有被证明已经触犯刑事法律。总体而言，包括我国，立法除了对于极个别民事诉讼强制措施作出了明确的立法式限制性规定外，民事诉讼强制措施仅仅受限于所在的民事诉讼程序本身持续的时间长度，原因在于基于诉讼强制措施的保障性初衷，诉讼中的强制措施以不超过诉讼程序本身为基本法理，因此同一种民事诉讼强制措施，在不同类型、不同复杂程度的民事个案中，呈现出来的差异性是非常大的。

民事诉讼强制措施程序保障力度不足来源于一个基本的原理："the defendant carries the keys of his prison in his own pocket"〔1〕。这一法理的逻辑展开是：法院在民事诉讼强制措施运用方面采取"强制性"手段而非"惩罚性"手段，民事诉讼强制措施的被动接受者可以简单地通过调整自己的行为，即放弃抵制诉讼秩序而采用服从裁判程序或者法院命令就完全可以卸掉或者避免这种强制性手段的承担，因此只要有关被采取强制措施的主体有服从法院命令的可能性，而本身又拒绝服从法院的命令，则在这样的情形下法院所采用的任何强制性手段均不具有惩罚性。这样的逻辑架构下，必然导致的结果就是：法院会一直拒绝被采取民事强制措施者基本程序保障的要求，比如民事诉讼强制措施的运用要通过公开审判的方式来进行而非依据法院的单方职权行为为之，但是在刑事诉讼中，被采取刑事强制措施者必须采取严格的程序保障以保障其实体的和程序的权利，这种程序保障也就是平等武装对抗原则的必然反映。而对于保障司法的权威、诉讼中当事人的权利，在民事诉讼中对于特定主体采取民事诉讼强制措施而不赋予相应的程序保障机制是司法理念所允许的一种"必要的恶"。

---

〔1〕 Linda S. Beres, "Civil Contempt and the Rational Contemnor", 69 *IND. L. J.* P. 723, 1994), p. 731.

3.2.3 两者法官的自由裁量权不同

民事与刑事强制措施另一重要区别在于法官在采用具体强制措施过程中自由裁量权运用的尺度，概括为两个方面：法官拥有自由裁量权可以做什么以及法官在强制措施运用过程中被法律要求必须做什么。在民事诉讼强制措施的运用方面，法官在具体运用哪种类型的强制措施方面裁量权极大，甚至这种权力都有被滥用的可能。起初法官可以选择不拘留某一个妨害民事诉讼秩序的人，基于这样的考虑，他（她）也可以选择释放已经拘留或者拘传到案的当事人，无论是否有正当理由，也无论是在诉讼中的任何一个时间节点，这都是没有任何问题的。甚至基于一些特殊原因的考虑，法官可以运用其自由裁量权释放态度极为顽固、根本不与法院合作、根本不可能服从于法院的命令或者诉讼程序的人。

民事诉讼强制措施的目的在于强制而非单纯的惩罚是建立在以下这一理论预设的前提下的：给予违反民事诉讼或者法院命令的特定主体一定的强制措施，可以对其施加压力，在这种压力之下民事诉讼强制措施的被动接受者最终服从于诉讼秩序或者法院的命令。在这样的理念支配之下得出来的必然结论便是：不允许对于一个其行为业已构成妨害民事诉讼秩序，但是通过民事诉讼强制措施这种国家强制力达不到使其服从目的的当事人继续采用民事诉讼强制措施，在这样的情形下，或者采用更加严厉的强制措施，或者直接取消相应的民事措施便是题中应有之义了。但是一个逻辑的悖论便呈现出来了：一个理性的违反法庭秩序的人，即使其被采取了最严厉的民事诉讼强制措施，其仍然不会服从或者配合法院的命令或者程序的要求，除非这种违反民事诉讼强制措施的行为达到了刑事犯罪的要件，否则最差的结果就是民事诉讼程序终结之日，被采取民事诉讼强制措施的人的该项强制措施被取消，甚至有极大的可能性在诉讼进行过程中即被卸掉民事诉讼强制措施。

3.3 类似概念的界分

3.3.1 强制措施与强制性措施

强制措施与强制性措施两者之间语义方面有无差别，对此民事诉讼法学学者几乎无人关注，而刑事诉讼法的学者则对相同概念作出了区分。关于二者之间的关系，刑事诉讼法学学者主要有三种观点：同一说，该说认为，强制措施即强制性措施，二者只是表达不同；并列说，该说认为二者之间既不等同，也不是包含关系，该说的主要依据在于刑事诉讼法所界定的侦查是特定机关所进行的“专门调查工作”和“有关的强制性措施”，强制性措施作为侦查职能的一个组成部分，是带有强制性的一系列具体的侦查方法，如勘验、查封、扣押、通缉、讯问犯罪嫌疑人等；包含说，该说认为强制性措施的外延大于强制措施，强制性措施不单单包括刑事诉讼法所规定的法定类型的强制措施，还包括为了确保证据的固定与收集所采取的带有强制性的方法，这些方法体现在刑事诉讼中作为专门调查性工作的各项具体活动。〔1〕宋英辉教授通过对国外刑事强制性措施的梳理，进而将强制性措施细分为三类：第一类是限制或者剥夺

---

〔1〕 关于强制措施与强制性措施关系的三种学说，可参见卞建林主编：《刑事诉讼法学》，科学出版社2008年版，第282~284页。

人身自由的强制措施；第二类是对于物的强制处分，如查封、扣押等；第三类是针对隐私权的干预，比如监听、采样等。拘传、取保候审、监视居住、拘留、逮捕是我国刑事诉讼法所规定的针对人身的强制性措施，刑事诉讼法对此予以专章规定，即刑事诉讼强制措施。〔1〕

虽然民事诉讼强制措施的体系与刑事诉讼强制措施的体系有所不同，主要区别在于民事诉讼强制措施中罚款针对的对象到底属于人身、财产、还是隐私？就该问题笔者认为，首先罚款不涉及隐私是没有争议的，罚款与扣押、冻结财物以及银行账户有所不同，原因在于通过对于罚款的直接运用，目的在于间接强制民事诉讼中特定主体为或者不为一定的行为，从这个意义上，罚款强制对象针对的是人身。因此笔者主张，民事诉讼中强制措施与强制性措施的区分，可以借鉴刑事诉讼法学学者对强制措施与强制性措施二者之间的区分：民事诉讼强制性措施的外延大于民事诉讼强制措施，民事诉讼强制措施针对的是人身的强制，从这个意义上而言，执行程序中所采用的查封、扣押等，以及财产保全与先予执行程序所采取的扣押等处分特定人财产的行为，均属于强制性措施的范畴，但不属于民事诉讼强制措施的范畴。

作为强制性措施代表的保安处分，无论是思想的起源之地还是具体制度的建构场所都是德国。德国著名刑法学者李斯特1882年在其传世代表性著作《刑法中的目的观念》一文中第一次明确提出了“保安处分措施”的具体制度化建构的思想，后来1933年德国制定的刑事法律《惯犯法》将“保安处分措施”

---

〔1〕参见宋英辉主编：《刑事诉讼法学》，中国人民大学出版社2011年版，第132～133页。

写入刑法。[1]“保安处分”作为近代以来刑法或者说世界各国现代刑罚史上的一项重要的法律制度，已被刑法和刑诉法理论界公认为近代刑法进步的重要表现方式之一，从其作为一种人权保障理念正式被提出，到作为一项正式法律制度进入刑法立法之中，都是世界刑罚发展史上具有里程碑意义的事件。保安处分具有广义和狭义概念的区分，所谓广义上的保安处分，是一个国家的刑事法律和行政法律规范所规定的，针对具体实施了危害行为的无责任能力人、限制责任能力人以及其他有相同意义上的人身危险性的主体所采用的、为了代替或补充刑罚而予以适用的，最终目的在于消除实施社会危害行为者的危险状态，达到预防犯罪、保障整个社会安定有序的各种危害社会行为的治疗、矫正等诸多措施的全称。[2]而理论上所说的狭义上的保安处分，具体是指一国刑法所规定的，仅仅针对有害的人或物所采取的。[3]民事诉讼强制措施是否属于广义的保安处分的范畴呢？笔者不赞同这种观点。

在学术界，常有学者将强制处分与强制措施等同使用，但是两者之间概念不同，内涵趣旨差异明显，因此二者之间不可替换使用。措施具体是指实施、解决问题的方法，而处分一词通常有三重意义上的含义：其一为处理、处置；其二为处罚；其三为吩咐、嘱咐。[4]从上述字面含义的理解看来，强制措施

---

〔1〕 参见赵冠男：“德国保安处分制度研究”，湖南师范大学2011年硕士学位论文。

〔2〕 参见苗有水：《保安处分与中国刑法发展》，中国方正出版社2001年版，第1页。

〔3〕 参见马克昌主编：《外国刑法学总论（大陆法系）》，中国人民大学出版社2009年版，第423页。

〔4〕 参见张建良：《刑事强制措施要论》，中国人民公安大学出版社2005年版，第6页。

更接近或者说更适合用于民事诉讼强制措施内涵的解读，因为民事诉讼强制措施是为了解决民事诉讼中的具体问题，例如诉讼主体不到庭、诉讼参与主体扰乱法庭秩序等问题而寻求的具体方法，民事诉讼强制措施本身不是简单的处理，更不是最后的处罚结果。从这个意义上而言，民事诉讼强制措施是带有强制性的各种方法的总称。

将民事诉讼强制措施与保安处分相区分的主要意义在于，首先可以回归民事诉讼强制措施的本意：民事诉讼强制措施的终极性目的在于义务的强制履行，当有关主体妨害民事诉讼秩序的行为不复存在的时候，民事诉讼强制措施即失去了其存在的正当性基础；同样的，当妨害民事诉讼强制措施的原因持续存在时，民事诉讼强制措施可以一直予以维持，直至诉讼程序终结。其次，将民事诉讼强制措施与保安处分相区分可以避免误会，如果将民事诉讼强制措施归类于保安处分，就容易导致这两者之间适用界限的模糊，最终导致的结果可能是民事诉讼强制措施的强制性特征让位于惩罚性。再其次，这种区分也有利于被采取民事诉讼强制措施者权利的恢复和自身合法利益的保障，原因在于民事诉讼强制措施具有临时性，而保安处分则具有终局性。民事诉讼强制措施的被动承受者基于自身理性的判断，可以随时放弃自己妨害民事诉讼程序进程的行为，而法院亦可以在妨害民事诉讼行为不复存在的时候随时撤销民事诉讼强制措施，无论是民事诉讼强制措施的运用者还是民事诉讼强制措施的被动接受者，行为都具有极大的灵活性。而如果民事诉讼强制措施为保安处分所吸收或者包含的话，基于处分的终局性和法秩序的安定性考虑，随时变更处分结果显然是不合适的。

3.3.2 民事诉讼强制措施与民事执行措施

私权为权利的一种，私权观念的出现要远远早于法律，近代以来对于私权利之保护，大多禁止自力救济（立法明确规定的几种例外）而采用公力救济的立法模式。而保护私权的方式有两种：确定私权利之存在及范围；实现私权之程序（必须是已确定之私权）。这两种权利保护方式，前者称之为民事诉讼程序（判决程序），而后者称之为强制执行程序（执行程序），这种区分在我国台湾地区的立法中体现得非常明显，但是我国大陆地区的区分却相对模糊。

执行与审判程序虽均为保护私权而设立的程序，但二者适用不同的程序法理。一是二者的目的不同，审判程序是为确定私权是否存在及其内容，执行程序是为实现权利人已经确定之权利。二是程序构造不同，执行程序是执行机关对义务人用强制力进行执行，义务人处于被动消极的地位，执行程序着重保护债权人的利益，执行中对于债权人和债务人采用区别对待原则。而判决程序则是由原被告对立双方主动的攻击或防御，强调双方利益皆受同等保护，审判主体对于原告及被告的地位采当事人地位同等对待原则。三是执行程序不采用言词辩论原则。

除了德国、旧日本民事诉讼法以及我们的民事诉讼法将强制执行程序规定于民事诉讼法典（章节名称为执行措施）之中，作为民事诉讼程序的组成部分外，从大多数国家和地区的民事诉讼立法体例来看，采取审判程序与执行程序相分离已经逐渐成为一种趋势。当下我国民事诉讼法学领域的学者们也多主张将民事诉讼强制措施从民事诉讼程序中分离出去，笔者对于学界这种观点持完全赞同态度。十八届四中全会《决定》也指出，要优化司法职权配置，健全公安机关、检察机关、审判机关、司法行政机关各司其职，侦查权、检察权、审判权、执行权相互配合、相互制约的体制机制，最终目标是“完善司法体制，推动实行审判权和执行权相分离的体制改革试点。”这也说明我国的最高决策层其实也已经接受了学界关于执行权与审判权不同质这一基本观点。对在民事强制执行过程中产生的执行行为的具体处理办法，因为针对对象不同，导致行为的性质完全不同：如果执行中采取的措施针对对象为人，则该行为性质上可以归属于民事诉讼强制措施的范畴，如限制被执行人出境、禁止被执行人高消费等；如果执行中采取的措施针对对象为物，如划拨、查封、扣押、冻结等，则该行为的性质应该属于执行中的具体执行措施，不属于民事诉讼强制措施的范畴，但可以归属到民事诉讼强制性措施的范畴之内。

3.4 民事诉讼强制措施的分类

通过上文的分析，在界定了民事诉讼强制措施的性质是一种某些方面带有惩罚性的强制性措施、其目的在于矫正有关主体的不合乎诉讼法律秩序的诉讼行为之后，在民事诉讼强制措施性质分析的基础上，论证民事诉讼强制措施从理论研究的视角可以进行的分类，进而可以探讨与研究每一类具体强制措施适用的基本规则。

3.4.1 维护性强制措施与制裁性（惩罚性）强制措施

黑格尔认为，惩罚的正当目的之一便是对于社会秩序的维护，他认为“关于作为现象的刑罚，刑罚与特种意识的关系，以及刑罚对人的表象所产生的结果（儆戒、矫正等等）的种种考虑……固然应当在适当场合……作为本质问题来考察”〔1〕。民事诉讼强制措施与刑罚相似的一面在于，某些强制措施的目的是通过带有惩罚性的结果阻止继续危害诉讼秩序行为的发生以及通过对于民事秩序违反者处以惩罚表达国家或者法院对于违反民事诉讼秩序者的一种谴责。最终试图通过运用民事诉讼强制措施这一类让人不愉快的后果行为，阻止此类妨害民事诉讼秩序行为的再次发生。民事诉讼强制措施本身具有一定的惩罚性，也显示了民事诉讼强制措施本身是具有一定的报应论的思想的。民事诉讼强制措施具有报应论的思想，也就意味着民事诉讼强制措施的运用要与违反民事诉讼秩序的行为成比例关系，即民事诉讼强制措施的运用要符合比例原则，民事诉讼强制措施的惩罚只要能够达到对于违反民事诉讼秩序行为的惩诫、矫正目的即可，当然因为民事诉讼强制措施的运用不同于一般司法裁判权的运作模式，民事诉讼强制措施的运用赋予了法院和法官较大的自由裁量权，因此虽理论上要求民事诉讼强制措施的运用要符合比例原则的要求，但往往民事诉讼强制措施的惩罚性有被滥用的可能性。

民事诉讼强制措施中的惩罚性（制裁性）特征主要表现为罚款、拘留，具体表现为：《民事诉讼法》第110条、第111条、第112条、第113条、第114条的有关规定，除此之外包括对于单位拒绝协助执行的，可以向单位所在的监察机关或者有关机关提出予以纪律处分的司法建议，而《民事诉讼法司法解

〔1〕［德］黑格尔：《法哲学原理》，范扬、张企泰译，商务印书馆1996年版，第102页，转引自邱兴隆：《关于惩罚的哲学：刑罚根据论》，法律出版社2000年版，第56页。

释》进一步细化了上述的具体行为的表现形式。

民事诉讼强制措施的启动与实施，并不是每个民事诉讼案件的必经程序。民事诉讼强制措施是为了保障民事诉讼程序的正常进行，在诉讼进行过程中国家所采取的一种必要的“恶”，为了确保恢复具体案件中违反诉讼秩序的人所破坏的私法秩序，国家施以排除妨害为目的的民事诉讼强制措施，被科以民事诉讼强制措施者不得不忍受被剥夺某些权利甚至是人身自由的后果，这种“恶”也是正当的，并且应该是民事诉讼强制措施立法的首要目的。民事诉讼强制措施本身只是一种手段，民事诉讼强制措施的发动与实施都应以达到一定的目的为导向：排除诉讼妨害。因此无阻碍便无强制措施，从这个角度而言，民事诉讼强制措施的目的在于维护民事诉讼秩序的正常进行。

民事诉讼强制措施中的维护性特征主要表现为：《民事诉讼法》第 110 条、《民事诉讼法司法解释》第 176 条、《民事诉讼法司法解释》第 187 条的有关规定。

3.4.2 即时性强制措施与事后性强制措施

即时性强制措施是指赋予法官或者审判组织针对违反诉讼秩序者（在我国包括庭审秩序也包括执行秩序）所采取的立即排除妨害的权力，这种权力无须经过起诉程序、也不需要听取被处罚者的意见便可以直接实施相应的强制措施，如训诫、责令退出法庭、收缴有关录音录像器材、删除庭审照片和直播的文字图片视频等。类型化方面，可以采取即时性强制措施的行为主要分为扰乱法庭、执行秩序的行为和侮辱、不尊重司法人员的行为两大类。

事后性强制措施是指发生妨害诉讼秩序的行为之后，法院在事后所采取的有关措施，这种措施虽然目的也是为了排除诉讼妨害，但也带有一定的事后制裁的性质，比如罚款、拘留的有关规定。

将民事诉讼强制措施根据情况的紧急程度划分为即时性强制措施与事后性强制措施的主要意义在于，上述两类强制措施所适用的规则及对应的救济方式不同。关于即时性强制措施，即使法制发达的国家和地区，也是存在诸多的争议。支持者认为即时性强制措施的运用是恰当的合理的，原因在于法官目睹了整个违反法庭秩序的过程；对于法官而言，针对扰乱法庭秩序、侮辱、伤害司法人员的行为采取即时性强制措施符合诉讼经济与诉讼效率的原则，也可以最大程度地保障诉讼秩序的有序。〔1〕反对者则认为，即时性强制措施应当予以限制甚至取消，原因在于既然法官目睹了违反法庭秩序的整个过程，甚至法官本身就是违反法庭秩序的受害者，如果法官自行处理违反法庭秩序者，则违背了中立性原则，目睹这个过程的法官基于中立性原则应该予以回避，并且即时性强制措施因为没有受到相应的规制，很容易导致法官权力的滥用，损害了诉讼过程中有关主体的程序性利益。〔2〕

就现有民事诉讼强制措施的立法来看，针对训诫、责令退出法庭，并没有规定严格的适用条件，也没有规定当事人的具体的程序性救济权利，一般是主审案件的法官（表现为审判长）直接作出。而如果是当事人违反了法庭秩序，对于责令其退出法庭后案件如何予以继续审理，是延期审理还是缺席判决法律并没有做出规定，如果是延期审理，下次开庭当事人继续出席，

---

〔1〕 C. J. Miller, *Contempt of Court*, Britain: OUP Oxford, 2000, p. 200.

〔2〕 C. J. Miller, *Contempt of Court*, Britain: OUP Oxford, 2000, p. 201.

被责令退出法庭的意义是不是仅仅具有导致诉讼迟延的结果？针对事后性强制措施，我国立法规定的罚款、拘留使用决定书，对于该决定不服的当事人可以向上级人民法院提出复议，但是复议期间不停止执行，且对于拘传而言，没有规定相应救济程序。笔者主张，事后性强制措施因为情况不具备紧急性，因此应该赋予当事人较为充裕的程序性救济权利，如上诉权。

3.5 本章小结

民事诉讼强制措施的性质为强制，特定情形之下兼具惩罚性。民事诉讼强制措施不同于民事诉讼强制性措施，民事诉讼强制措施针对的对象为人，而民事诉讼强制性措施针对的对象既可以是人也可以是物，因此执行程序中针对人的保障性执行措施的本质属于民事诉讼强制措施的范畴，但是执行程序中一般意义上针对物的具体执行措施不属于民事诉讼强制措施的范畴，而可以归属于民事诉讼强制性措施的范畴。从制度的外延来看，民事诉讼强制措施不能为司法处分行为所吸收，如果采用吸收式理解，造成的最终结果必然是民事诉讼强制措施的性质完全沦为惩罚性。民事诉讼强制措施分类中的即时性强制措施极易被法院（法官）所滥用，学理上将民事诉讼强制措施区分为即时性强制措施与事后性强制措施的原因在于，不同类型的民事诉讼强制措施程序运作的规则以及程序的救济方式是不同的。

第4章 民事诉讼强制措施与相关制度的协调

以民事诉讼强制措施的规范作为基本出发点，为了通过民事诉讼强制措施保障诉讼活动顺利进行，最终促进民事司法公正和效率价值的实现，应当加强民事诉讼强制措施与相关民事诉讼制度之间的联系，增强彼此之间的协调性。

4.1 当事人处分原则的尊重

4.1.1 民事诉讼中处分原则的一般法理

我们的整个民事诉讼正处于职权主义诉讼模式向当事人主义诉讼模式转型的过程。在向当事人主义诉讼模式转化的过程中，一个很重要的问题就是尊重诉讼当事人的诉讼主体地位，对于诉讼当事人自身权利的处分权予以充分的尊重，这就是处分原则。在民事诉讼制度之中，处分权主义、辩论主义、当事人进行主义，均系基于私法自治的原则而产生或者衍生的制度。民事诉讼以确定当事人间私法上权利义务为目的。私法上的权利义务，尤其财产法上的权利义务，权利人是否行使其权利、行使的范围如何或者当事人是否抛弃其权利，均取决于权利人自身的自由意思；而义务人对于义务负担的履行及其范围，甚至并无义务而自愿予以履行的，也完全取决于义务人的自由意思，这就是著名的私法自治原则。私法上权利义务既然可以由当事人自主解决，当事人是否欲借民事诉讼程序解决其私法上权利义务的争执，一般情况下自然也应该根据此原则为之。处分权主义、辩论主义、当事人进行主义，应系基于同一原则所产生，理论界将其统称之为当事人主义。

一般认为，民事诉讼中广义的辩论主义，包括处分权主义。正如我国台湾学者多从广义上认为辩论主义是指当事人未申请的事项，法院不得加以裁判；当事人所未提出的事实证据，法院不得加以斟酌；当事人不争执的事实，法官无须心证，即法官径直以双方当事人没有争议的事实作为裁判的基础。而当事人进行主义，则多认为是指民事诉讼程序的开始与开始后之进行与终结，均依当事人意思。因此，对于起诉、上诉、撤回起诉、撤回上诉、诉讼中和解等诉讼行为，均认为属于当事人进行主义的范围。前述原则，如仅作辩论主义与当事人进行主义的分类，不另作处分主义的再次分类，则对其各自应当具备的具体内涵可以作上述说明。如果再进行处分权主义的二次分类，则就辩论主义与当事人进行主义二者之间的含义，必然就有了不同的学说解说。我国台湾地区上述民事诉讼法学者接着认为：与作为民事诉讼法上的诉讼标的的、民事私法上的具体的权利义务直接相关的事项，应该作为民事诉讼处分权的范畴。具体而言，民事私法上的意思自治的原则，表现在民事诉讼法之中的话，应该是以处分权主义为代表最为显著。那么何种民事诉讼行为最终可以归属到民事诉讼处分权主义的范围之内呢？不同的学者当然可能有各自截然不同的见解。但是依据我国台湾地区的大多数学者分析的那样，应该以直接与为诉讼标的的私法上权利义务有关的事项，作为处分权主义的范围是较为适当的，比如当事人起诉、提起上诉、撤回起诉、撤回上诉、诉讼中和解行为，在仅作辩论主义与当事人进行主义之两分法者，系归属于当事人进行主义之范围。实际上，起诉或撤回起诉的行为，涉及原告是否将其与他造当事人之私法上争执，提请法院为裁判与否之意愿。上诉或撤回上诉的行为，涉及就作为诉讼标的的法律关系受不利益判决的当事人，是否对该判决服从，而使两造的私法上权利义务关系归于确定。

4.1.2 现行民事诉讼强制措施立法与处分原则之间的协调

现行民事诉讼强制措施中针对不到庭当事人的拘传是不符合现代民事诉讼法的基本理念的。根据现行民事诉讼法及民事诉讼法司法解释规定的拘传的具体适用条件，该条拘传的规定在2015年《民事诉讼法司法解释》出台之后，也可以适用于必须到庭的原告。在奉行民事诉讼法实施的职权干预主义国家的民事诉讼模式状态之下，该国的民事诉讼案件的审理活动必然逻辑上坚持的就是哲学层次上的事实探知绝对化的理念〔1〕，到庭参加诉讼活动是民事诉讼过程中当事人必须履行的对于国家所承担的一项诉讼法上的义务，因为在立法者的观念中，被告如果不出庭的话，将会直接影响到法官审理查明案件的事实情况，因此被告不到庭就妨害了法院对于案件事实问题作出符合客观事实本身的正确裁判。因此，我国从1982年《民事诉讼法（试行）》以来一直将被告不到庭参加诉讼活动认为是一种构成妨害民事诉讼的行为，必须到庭的被告如果不到庭的话，受理案件的法院有权采取拘传这一民事诉讼强制措施，强制其出庭参加民事诉讼案件的审理活动。随着市场经济的发展、普通民

〔1〕 参见张卫平："事实探知：绝对化倾向及其消解——对一种民事审判理念的自省"，载《法学研究》2001年第4期。

众权利观念的增强，强势的职权主义诉讼模式与现代民事诉讼尊重当事人诉讼主体地位的观念形成了严重的冲突关系。民事诉讼当事人之间的平等、诉讼主体之间权利的自由处分、私法自治的基本理念等，均慢慢为民事诉讼司法实践与理论所接受。在上述处分主义的指导下，正在建立的民事诉讼当事人主义诉讼模式是现在民事诉讼制度的最大变化，在这种诉讼模式之下，民事纠纷的解决过程更加强调当事人在民事纠纷解决过程中的权利的自治性和处分性。在民事诉讼中，诉讼当事人是否出庭参加民事诉讼活动是诉讼当事人对自己实体和程序性权利的处分，基于司法权的消极被动性，法院应当尊重诉讼当事人在诉讼中的处分权和行使处分权的各种形式，法院不应该依据自身的职权对未到庭的当事人采取强制拘传到庭的强制措施。在被告不到庭应诉的情况下，法官完全可以根据已有的事实和证据材料，按照证明责任分配制度的基本理念，综合全案研判在被告缺席情况下对案件如何作出裁判。而强制拘传被告到庭，是一贯的民事诉讼过程体现出来的事实探知绝对化理念的产物，是过分强调国家职权干预民事诉讼活动的结果。一句话概括就是：对于民事诉讼过程中当事人不到庭参加诉讼的行为，是当事人处分自己诉讼和实体权利的行为，不应作为妨害民事诉讼的行为予以处理。

4.2 民事诉讼权利滥用的规制

4.2.1 上诉权滥用的处罚

在我国台湾地区，第二审法院驳回上诉时，如果上诉受诉法院认为上诉人之上诉原无理由或仅以延滞诉讼的终结为目的者，得处上诉人新台币6万元以下的罚款。此项裁定可以抗告，抗告中应停止执行（我国台湾地区有关民事诉讼的规定第449-1条）。此条规定虽然属于实用性非常低的旧民诉条例的复活，立法技术上亦有疏漏，但是在具体的司法事务上未必无适用的可能，并且如果第二审法院依该条规定处上诉人罚款的裁判，在解释论的角度上应可以附随于驳回上诉的终局判决为之。

4.2.2 虚假诉讼的强制措施规制

虚假诉讼的成因是复杂的，既是诚信品德的丧失在司法领域的体现，也与现行法律制度的缺陷等因素有关。其中人的诚信缺失是内在的，需要从人的道德诚信层面予以完善，而某些法律制度的规则缺失是可以通过立法、司法等公权力的运行来予以弥补、修正和逐步完善的，其中虚假诉讼与民事诉讼强制措施相结合就是规制的一种方案。

虚假诉讼的防范必然是实体法规制与程序法规制相结合。尽管大陆法系国家对恶意诉讼的规制以程序法为主、实体法为辅，而英美法中上述两方面内容的侧重却不分主次，英美法系国家坚持上述二者的并重，但是两大法系都考虑到了程序法与实体法具有不同的功能，通过程序法和实体法双管齐下的模式来对虚假诉讼行为进行综合治理。[1]我们在对虚假民事诉讼进行规制时，同样也需要将实体法规制和程序法规制有机结合，在民事实体法上规定虚假民事诉讼行为构成侵权，应在受害方要求赔偿的情况下予以赔偿，在民事程序法上规定诉讼真实义务，并对虚假诉讼行为人酌情予以罚款、拘留等强制措施。因

〔1〕 参见丁铧等：《虚假民事诉讼的防范与规制》，中国法制出版社2009年版，第158~159页。

为虚假民事诉讼行为既扰乱了法院的正常司法秩序，又对他人财产等方面造成了损害，在公、私法上都具有可责性，因此要求其承担公法责任和私法责任是合理的。而事实上，正是由于实体法的欠缺，而程序法上的制裁又无法替代民事实体法对受害人私权益受损的救济，实践中大量以损害他方当事人权益为目的的虚假诉讼的加害人无需承担赔偿责任，其违法成本极低，这是现实中虚假民事诉讼现象趋于泛滥的原因之一。而较之实体法，程序法可对权利的行使、保障作预防性的事前规范，与事后救济形成功能互补。

4.2.3 民事诉讼中证明妨碍的强制措施运用

现行民事诉讼法及司法解释，对于证明妨碍规则做了零散的规定，表现为如 2019 修正的《最高人民法院关于民事诉讼证据的若干规定》(以下简称《证据规定》) 第 95 条规定的，对于诉讼过程中有证据证明诉讼中的一方持有的证据是对于诉讼中证据持有者非常不利的，但是诉讼中证据的持有者没有任何正当的理由但却拒绝提供证据的，如果诉讼中一方主张的事实是不利于诉讼中证据的持有一方的，则立法上的态度是可以推定主张者的主张成立。但是民事诉讼《证据规定》对于证明妨碍并没有从民事诉讼强制措施的角度予以规制。

2015 年《民事诉讼法司法解释》第 111 条至第 113 条作出了关于文书提出证明妨碍的规制，第 102 条规定了对于当事人故意或者逾期提供证据的规则，但是书证提出义务中证明妨碍规则是否可以适用于书证之外的证据形式也是值得讨论的问题。

我国台湾地区证明妨碍中的强制措施如何运作，规定于台湾地区有关民事诉讼的规定第 282-1 条之中。在我国台湾地区学者的研究中，所谓证明妨碍，指的是当事人为妨碍他造使用，故意将证据毁损、隐匿或致妨碍难使用的一种具体行为。因此在我国台湾地区关于证明妨碍的方法，主要有两种类型，其一，当事人积极证明一般妨碍；其二，当事人消极的对调查证明的违反，以及当事人对证据调查的协助义务的违反，具体而言是指：

（一）当事人证明的一般妨碍

当事人因妨碍他造使用，故意将证据毁损、隐匿或致碍难使用的，法院可以审酌情形认定诉讼中的他造关于该证据的主张或该证据应证的事实为真实（我国台湾地区有关民事诉讼的规定第 282-1 条第 1 项）。当事人以不正常方法妨碍他造的举证活动的，例如故意将证据毁损、隐匿或有其他致妨害难使用证据的情形，明显违反诚实信用原则，为防止当事人利用此等不正常手段以取得有利于己的诉讼结果，并损害到当事人之间的公平，我国台湾地区规定法院可以审酌情形，认定他造关于该证据的主张或依该证据待证明的事实为真实，换言之，法院可以审酌当事人妨碍他造举证的形态、具体的妨碍他造举证的重要性等情形，依自由心证认定他造关于该证据的主张或依该证据待证的事实。只有为保护受不利益判断当事人程序上的权利，法院于作出裁判前应赋予当事人以申辩的机会（我国台湾地区有关民事诉讼的规定第 282-1 条第 2 项）。

（二）当事人对于证据调查的不配合

1. 当事人无正当理由不服从法院关于提出文书命令的，诉讼的法院可以审酌情形认定诉讼中他造关于文书的主张或依该文书待证事实为真实。前项情形，受诉的法院作出裁判前理论上应当赋予诉讼中的当事人辩论的机会（我国台湾地区有关民事诉讼的规定第345条）。

2. 当事人不服从民事诉讼法院命令提出文书的原件或不能提出的，法院依其自由心证断定该文书复印件或影印本的证明力（我国台湾地区有关民事诉讼的规定第353条）。

3. 民事诉讼的当事人对于真实发现的妨碍具体行为的：如民事当事人或代理人就真实的文书，故意争执文书的真伪性的，法院可以裁定处以新台币3万元以下罚款（我国台湾地区有关民事诉讼的规定第357-1条第1项）；当事人依第367-1条，规定具结而故意为虚假陈述，足以影响裁判结果的时候，法院可以裁定处新台币3万元以下罚款（我国台湾地区有关民事诉讼的规定第367-2条第2项）。

上述我国台湾地区完整的细化的证明妨碍规则，从民事诉讼强制措施的运用角度，建议参考。

4.3 证据制度与民事诉讼强制措施制度之间的衔接

4.3.1 证人、鉴定人出庭作证难与民事诉讼强制措施之间的协调

如何有效破解证人和鉴定人出庭作证难问题，其他国家和地区的立法规定对于证人和鉴定人可以进行拘传、罚款，为我们提供了有利的借鉴，也提醒我们在民事诉讼强制措施制度与其他民事诉讼制度的协调方面，注意出庭难与强制措施运用之间的关联性。我国民事诉讼强制措施中的对于当事人可采取拘传这一规定，反观其他国家和地区的立法，拘传制度普遍存在，但是针对的对象主要是证人和鉴定人。

法国不存在民事拘传这样的强制措施，证人如果不出庭，主要采用罚款的方式予以惩戒，具体体现为《法国民事诉讼法》第 207 条第 2 款规定。〔1〕英美法系两大代表性国度英国和美国也没有拘传制度，代之以藐视法庭来对证人无理由拒不出庭以威慑。〔2〕与我国大陆地区存在类似拘传制度的代表性国家和地区主要是德国、日本、韩国以及我国的台湾地区。

《德国民事诉讼法》第 380 条规定了证人不到场的后果，一共有三款规定。〔3〕

《日本民事诉讼法》第 190 条规定，服从于日本裁判权的人有作证的义务。同时第 194 条规定，对于没有正当的理由而不出庭的证人，由于证人具有不可替代性，因此法院可以强制证人到庭，即拘传。〔4〕《日本民事诉讼法》第 216 条规定了鉴定的方式原则上准用证人询问的方法，鉴定义务和作证义务属于公法上的一般性义务，具体而言包括出庭、宣誓、陈述意见（报告鉴定意见）的义务。在受到法庭传唤而非因正当理由拒绝出庭的时候，准用证人询问的规定，即可以罚款和刑事制裁，但并不准用拘传的规定（《日本民事诉讼法》第 194 条），〔5〕原因在于日本民诉法中鉴定人不同于证人，鉴定人为证据方法之报告

---

〔1〕 参见《法国新民事诉讼法典》（上册），罗结珍译，法律出版社 2008 年版，第 307 页。

〔2〕 参见《美国联邦民事诉讼规则证据规则》，白绿铉、卞建林译，中国法制出版社 2000 年版，第 85 页。

〔3〕 参见［德］罗森贝克、施瓦布、戈特瓦尔德：《德国民事诉讼法》（下），李大雪译，中国法制出版社 2007 年版，第 918 页。

〔4〕 参见［日］高桥宏志：《重点讲义民事诉讼法》，张卫平、许可译，法律出版社 2007 年版，第 80~85 页。

〔5〕 参见［日］高桥宏志：《重点讲义民事诉讼法》，张卫平、许可译，法律出版社 2007 年版，第 96 页。

者，是裁判官即法官的助手，而证人为证据方法，因此证人是当事人的证人，而非国家之证人。[1]对于强制证人出庭的方法，《日本民事诉讼法》规定，无正当理由不出庭者，法院可以依职权决定对于证人处以罚款；罚款后仍然不出庭者，可以再次罚款或者拘传其到庭，对此决定可以抗告；若证人提出此抗告，必须停止其决定之执行。[2]

《韩国民事诉讼法》规定：受韩国审判权管辖的自然人均有作为证人的义务（第 303 条）。依照《韩国民事诉讼法》的规定，证人收到期日通知后有义务在指定期日出席指定场所。证人在指定期日不能出庭的，应当向法院申告其不能出庭的理由，不申告理由的，法院可以认定其不出庭无正当理由，并依据法律规定作出处罚。若法院实施辩论准备程序，并通过该程序完成了其他证据调查的（如书证调查等），可以在辩论期日只进行证人询问或当事人询问，并就此终结辩论。因此证人是否出席将决定着辩论能否如期结束。为了确保证人出席，在证人无正当理由不出席时，应当加强对其的处罚措施。为此，《韩国民事诉讼法》规定，证人首次无正当理由不出庭的，法院可以裁定命令证人负担本案的诉讼费用并处以 500 万韩元以下的罚金。此后若证人仍不出庭作证，则可以对其实施拘留（韩国法上的拘留，是一种拘束人身的方法，但不需要检察方的申请，而由法院单独决定）7 天的强制措施。证人被处以拘留处罚后，根据作出此裁判的审判长之命令，由法院公务人员或法警将证人送到警察局的留置场所、教导所或拘留所。接受拘留处罚的证人

〔1〕 参见王亚新：《对抗与判定：日本民事诉讼的基本结构》，清华大学出版社 2010 年版，第 47 页。

〔2〕 参见［日］高木丰三：《日本民事诉讼法论纲》，陈与年译，洪冬英勘校，中国政法大学出版社 2006 年版，第 289 页。

在拘留期间作出证言的，法院应该立即撤回拘留裁定（《韩国民事诉讼法》第311条第2款至第9款），在证人无正当理由不出席时，法院可以根据刑事诉讼法的规定进行拘传（《韩国民事诉讼法》第312条）。[1]

韩国民事诉讼法中亦有鉴定人之规定，如《韩国民事诉讼法》第333条规定：鉴定人的主要义务有出席义务、宣誓义务、报告鉴定义务等。鉴定人若违反这些义务，准用证人违反作证义务时的制裁规定。此外，韩国民诉法所规定的书证这一证据形式，有文书提出命令的规定。[2]对于不提出文书或毁损文书的行为制裁方面，《韩国民事诉讼法》第351条规定：可以对第三人处以500万韩元以下的罚金。[3]《韩国民事诉讼法》第366条第2款规定：第三者违反勘验义务的，可以处以200万韩元以下罚金。[4]对于讯问当事人，仅限于法官根据其他证据方法不能形成心证时，依当事人申请或依职权为之，换言之，将当事人本人作为证据方法，只是一种补充性而不是独立性的证据方法。根据《韩国民事诉讼法》第373条之规定，接受讯问的当事人宣誓后即使做虚假陈述，也不给予刑事（伪证罪）处罚，仅给予经济制裁（500万韩元以下罚款）。[5]

---

〔1〕参见［韩］孙汉琦：《韩国民事诉讼法导论》，陈刚、陶建国、朴明姬译，中国法制出版社2010年版，第240~242页。

〔2〕参见［韩］孙汉琦：《韩国民事诉讼法导论》，陈刚、陶建明、朴明姬译，中国法制出版社2010年版，第247页。

〔3〕参见［韩］孙汉琦：《韩国民事诉讼法导论》，陈刚、陶建明、朴明姬译，中国法制出版社2010年版，第256页。

〔4〕参见［韩］孙汉琦：《韩国民事诉讼法导论》，陈刚、陶建明、朴明姬译，中国法制出版社2010年版，第261页。

〔5〕参见［韩］孙汉琦：《韩国民事诉讼法导论》，陈刚审、陶建明、朴明姬译，中国法制出版社2010年版，第263页。

在大陆法系国家，基于直接言词原则，证人出庭作证是一项公法义务。《日本民事诉讼法》规定证人负有出庭作证义务，〔1〕民事诉讼中证人出庭作证是证人负担的一项公法上的义务。证人不出庭不是对于自己诉讼权利的处分，而是对于公法或者对于其对国家承担义务的违反，应该对其进行拘传，这也是世界各国拘传制度存在的基本依据，可以有效缓解我国民事诉讼中的证人出庭作证难问题。

对于鉴定人是否可以采用拘传，世界各个国家和地区的立法例存在差异。日本和我国台湾地区规定对于鉴定人不可以采用拘传，原因主要是对于鉴定人性质和地位的一种认识：民事诉讼中的鉴定人是为民事诉讼证据方法的报告人，是诉讼过程中裁判官即法官的助手。〔2〕2012 年《民事诉讼法》修订时将“鉴定结论”改为“鉴定意见”，更为准确地体现了民事诉讼中鉴定人的地位：鉴定意见是一种证据，而非案件的最终结论，虽然鉴定人在有关专业领域相对于普通人占有智能和学识上的优势，使其鉴定意见具有了较高的权威性，但是这些都不足以使鉴定意见获得与裁判者作出的事实认定同样的终局性的效力。在现行立法模式之下，鉴定人的存在是为了充分保障双方当事人的利益，现行《民事诉讼法》第 78 条亦明确规定了鉴定人的出庭作证义务，目的在于鉴定意见的充分阐述，有利于法官兼听则明，鉴定人是诉讼当事人的助手，而非“法官助手”。因此我们主张：应采用德国、韩国立法模式，对于鉴定人可以采用拘传强制其到庭，目的在于充分保障当事人诉讼权利的

〔1〕 参见［日］松岗义正：《民事证据论》，张知本译，洪冬英勘校，中国政法大学出版社 2004 年版，第 152 页。

〔2〕 参见［日］高木丰三：《日本民事诉讼法论纲》，陈与年译，洪冬英勘校，中国政法大学出版社 2006 年版，第 291 页。

行使。

在对于未有正当理由而拒绝出庭的证人、鉴定人适用拘传这一强制措施时，应该借鉴吸收德国、韩国、日本、俄罗斯及我国台湾地区的通行做法：先对于证人或者鉴定人科以一定数额的罚款，此种罚款的适用不能免除证人、鉴定人出庭之义务，罚款的具体数额可以结合当下的司法政策以及具体的司法实践再行论证；对于罚款后仍然拒绝出庭者，可拘传其强制到庭。罚款应该是拘传适用的前置程序，法理依据在于：既然拘传只是诉讼保障程序，民事诉讼强制措施的运用当然应该体现程序的比例原则，即行为人违反程序的严重程度与法院采取的强制措施二者之间具有对应关系。罚款是经济制裁与威慑，拘传关涉人身，因此拘传这一强制措施的运用，应该是罚款不足以起到威慑作用时采取的进一步的强制措施，二者应该是递进关系。

4.3.2 建立文书强制提出命令制度

书证作为民事诉讼中法定证据的一类重要形式，是以其文书所记载的内容来证明案件事实的一种证据方法。2015 年《民事诉讼法司法解释》第 111 条至第 113 条规定了如果持有书证方没有正当理由拒绝向法院提交书证的相关规制。但是上述 2015 年《民事诉讼法司法解释》规定的内容与其他国家和地区文书强制提出命令制度并不完全相同，并且现行司法解释对于书证强制提出的具体操作程序方面并不细化，因此我国台湾地区完备的文书强制提出命令制度为我们提供了有利的制度细化的借鉴。

在我国台湾地区，声明书证，应提出文书作为具体的表现形式（我国台湾地区有关民事诉讼的规定第 341 条），是指诉讼过程中当事人所声明的书证在民事诉讼中被当事人持有时这种假定的情况。诉讼中的书证既然在声明的当事人执有之中的话，那么因此当诉讼中的证明主体申请时，法院应要求当事人一并提出书证的所在的具体证据，如当事人不予以提出的话，则从诉讼法效果上而言，与当事人从来未声明该书证的存在效果上没有任何的差异，受诉法院在任何情况下都不得依据法院的职权主动调查核实该项书证。若诉讼中的书证为诉讼中的一方当事人或诉讼之外的第三人持有的时候，应该按照下列方法申请提出：

（一）书证为他造当事人所执有的情形

声明书证的目的是使用诉讼中一方当事人所执的文书的，当事人应以言辞或书面的形式向法院表明下列各种事项，目的在于申请法院命令诉讼中的一方当事人提出（我国台湾地区有关民事诉讼的规定第 342 条）：（1）法院应命一方当事人提出的文书列表。表明法院需要应命提出的文书，须使诉讼中一方当事人依其所表明者，可以明了到底其目的是请求适用提出的何种诉讼证据。（2）依据诉讼中该文书待证的事实。目的是使受诉法院能够知悉该文书与诉讼中待证事实二者之间的关联性，诉讼最终的目的在于明确调查的事实是否重要或者说不可缺少。（3）命令提出的该文书的内容。目的在于表明命令提出的文书的具体内容，只需提出者列举出该项书证与待证事实之间的关联性就可以。如果负有证明责任的当事人持有民事诉讼中的该文书为善本（指刻印较早、流传较少的各类古籍，笔者注）的话，可以提出该善本能够取代的证据。（4）文书为诉讼中另外一方当事人所持有的具体原因。应该说明诉讼中文书为他造所持有，以及为什么在诉讼中另外一方当事人持有的正当的理由。(5) 诉讼中另外一方当事人有提出文书义务的原因。必须表明他造有第344条第1项所列的妨碍原因的事实。

在公害案件、产品制造者的责任案件、消费者保护案件及医疗事故损害赔偿案件等现代型民事诉讼过程中，诉讼所需要的文书资料常常仅仅存于诉讼过程中的某一方当事人，并处于诉讼当事人的严密看管之中，因此诉讼中的另一方当事人几乎不可能获取该诉讼文书资料。因而民事诉讼当事人的一方依据我国台湾地区有关民事诉讼的规定第342条第1项规定申请受诉法院命令持有该文书的一方当事人提出文书时，如一律命申请人表明法院应强制另外一方当事人提出的文书及其具体的内容，有时的确是有困难的。声明书证制度有利于贯彻民事诉讼过程中当事人有关的诉讼资料平等使用这一基本的原则，以及便于受诉法院发现案件事实并保证法院及时整理诉讼中的争点问题，以最终实现民事诉讼审理集中化的目标。

(二) 书证为第三人所持有的情形

如果当事人申请法院提出的书证是处于使用诉讼之外的第三人所持的情形之下的话，应申请受诉的法院命令诉讼之外的第三人强制予以提出，或者法院决定由文书持有者提出该项文书的具体期间。究竟是命令第三人提出文书还是法院决定该文书具体提出的期间，均由对特定事实负有证明责任的当事人自行考虑之后向受诉的法院予以申请。所谓诉讼之外的第三人指诉讼双方争议当事人以外的具体参与到民事诉讼中的人，具体包括自然人、法人及法人的机关。申请的时候，申请人以言辞方式或书面的方式进行均可以，法院可以命令诉讼中的另外一方当事人进行必要的协助（我国台湾地区有关民事诉讼的规定

第346条第2项)。并由法院释明文书为诉讼之外的第三人持有该项文书的具体事由及诉讼之外的第三人有提出该项文书的义务的具体原因是什么(我国台湾地区有关民事诉讼的规定第346条第3项),申请人在向法院表明“应命令持有文书的人提出的文书”及“文书的具体内容”时的确有正当理由的,法院可以衡量诉讼中的实际情形,在受诉法院认为任何适当的时间节点依据诉讼中一方当事人的申请,而命令诉讼之外的第三人进行必要的协助(我国台湾地区有关民事诉讼的规定第340条第2项)。

如果当事人申请提出书证,不具备上述所列举的具体要件,民事案件的受诉法院应当在终局判决理由中解释为何驳回当事人的具体申请。当事人对于法院的该项判决有异议的,法院也可以在诉讼进行过程之中以裁定形式驳回当事人关于文书提出的申请(我国台湾地区有关民事诉讼的规定第383条第2项)。如果申请人的申请已经具备上述具体列明的要件,除诉讼中的一方当事人或诉讼之外的第三人自行提出该文书于法院,或交由申请的当事人之外,法院应审查该文书与待证事实是否具有相应的关联性,对待证事实负有证明责任的当事人的申请是否正当,若该文书与判决结果没有任何的关联性或者负有证明责任的当事人的申请不能认为理由具有正当性,则受诉法院就可以不进行相关事项的调查而直接在诉讼终局理由中说明法院驳回当事人申请的具体详细的原因即可。法院如果认为当事人的申请具有问题,法院也可以在民事诉讼案件审理的过程之中直接以裁定方式驳回当事人申请强制提出文书的要求(我国台湾地区有关民事诉讼的规定第383条第2项)。如果法院认定待证事实是十分重要的,并且对待证事实负有义务的人的申请为正当时,受诉法院应以裁定命令诉讼的另外一方当事人或者诉讼之外的第三人提出该持有的相关文书（我国台湾地区有关民事诉讼的规定第 343 条、第 347 条）。法院强制诉讼之外的第三人提出文书的，法院也可以同时限定由诉讼之外的第三人强制向法院提出文书的具体明确的期间（我国台湾地区有关民事诉讼的规定第 347 条第 1 项）。为保证诉讼参与人之外的第三人在民事诉讼程序对应的权利，受诉法院如果强制命令诉讼之外的第三人提出文书或限定第三人强制提出文书的具体期间的裁定作出之前，理应赋予该诉讼参与人之外的第三人向法院陈述自己意见的相应权利（我国台湾地区有关民事诉讼的规定第 347 条第 2 项）。

4.4 强制执行制度与民事诉讼强制措施间的衔接

民事诉讼中的“执行难”问题，从一定意义上而言是世界各国和地区民事诉讼中面临的一大共性问题，我们民事诉讼法的历次修改均对妨害执行行为做出以提高罚款数额为代表的修改，但是民事诉讼强制措施与民事强制执行制度之间的联动与协调尚显不足。

在我国台湾地区，强制执行法对人的强制措施有拘提、管收及其他限制自由等处分措施，拘提和管收由于针对的对象是人，诚如笔者前文所阐述的那样，此类执行保障性措施在性质上总体而言应该属于民事强制执行中的民事强制措施的范畴，当然拘提和管收制度之中也包含有一定的具体执行措施，即针对物和财产的情形。

虽然我们民事强制执行法中也有强制债务人报告执行财产、媒体曝光老赖等具体民事执行强制措施的规定，但是这些执行中的强制措施不具有理论上的系统性，民事诉讼法中规定的民事执行强制措施，很多都是基于当时的执行形势而做出的应对之策，这也是我们强制执行法为理论界所诟病之处：具体的执行措施以及执行保障性措施欠缺一定的理论深度，而我国台湾地区有关强制执行的规定的对于债务人的拘提和管收制度，具有严密的逻辑适用前提，自成一套理论体系，这些制度对于加强我国大陆地区民事诉讼中民事诉讼强制措施与解决“执行难”之间制度的协调具有积极的借鉴意义。

4.4.1 拘提的内涵

我国台湾地区有关强制执行的规定所称的拘提，具体是指债务人或依法应为债务人履行债务的特定人，具有诉讼法所规定的法定情形时，负有执行权力的法院可以强制负有履行义务的主体到场的一种民事诉讼强制措施。

4.4.2 管收的内涵

我国台湾地区有关强制执行的规定所称的管收，是指债务人或依法应为债务人履行诉讼法上所列明的债务的特定人，遇到法定情形时，享有执行权的执行法院可以拘束其人身自由的一种民事诉讼强制措施。(法条体现为：我国台湾地区有关强制执行的规定第 22、24、25、77-1、123、128、129、132-2 和 140 条)

4.4.3 拘提和管收的对象

拘提和管收的对象包括：债务人；依法应为债务人履行债务的人。(法条体现为：我国台湾地区有关强制执行的规定第

21、22、77-1、123、128、129、132-2、140条）如果债务人是无行为能力人或限制行为能力人的，则拘提和管收的对象为对应主体的法定代理人。（我国台湾地区有关强制执行的规定第25条）我国台湾地区相关规定，未满七岁的未成年人以及心智丧失或精神不健全导致自己不能独立处理自己事务的人为法律意义上的无行为能力人。

4.4.4 拘提的原因

债务人或依法应为债务人履行债务的人，有下列原因之一时，执行法院可以予以拘提。

1. 受法院的合法通知，没有正当理由而拒不到场的。（我国台湾地区有关强制执行的规定第21条）

2. 负有履行义务且具有履行可能但当事人拒不履行的。债务人是否具有履行义务的可能性但是拒不履行，法院应当参考具体案件中该义务的内容、债务人的资力、生活状况及其他情形认定。（我国台湾地区有关强制执行的规定第22条）

3. 具有逃匿执行可能性的人。（我国台湾地区有关强制执行的规定第22条）

4. 当事人具有对强制执行的财产隐匿或处分的情形的。（我国台湾地区有关强制执行的规定第22条）

5. 在调查执行标的物时，对于法官或书记官的调查行为具有拒绝陈述情形的人。（我国台湾地区有关强制执行的规定第22条）

6. 受诉法院已经发现债务人财产不足以清偿申请强制执行的债权或不能发现债务人应交付的财产时，负有执行义务的执行法院因债权人的申请，定期要求债务人据实报告该期间届满前一年内应供强制执行的财产状况，如果有违反上述规定的人，具体表现为不报告或进行虚伪的财产报告的人。(我国台湾地区有关强制执行的规定第22条)

7. 执行法官或书记官，为调查不动产的实际状况、占有使用情形，或讯问债务人并命其提供有关文书，债务人无正当理由拒绝陈述或提出文书为不真实的情形。(我国台湾地区有关强制执行的规定第77-1条)

8. 执行依据是法院强制要求债务人交付书证、印章或其他相类的凭证，债务人不交付，执行法院要求转交债权人的方式执行但无效果者。(我国台湾地区有关强制执行的规定第123条)

9. 依执行根据，债务人应为一定行为，而其行为非他人所能代为履行的，债务人拒绝履行，经执行法院限定债务人履行的期间，债务人仍不履行时。(我国台湾地区有关强制执行的规定第128条)

10. 执行根据是命令债务人容忍他人的行为或禁止债务人为一定的特定行为的，如果债务人不予以履行可拘提。如果经拘提之后债务人仍然不履行的话，法院可以再次予以拘提。(我国台湾地区有关强制执行的规定第129条)

4.4.5 管收的原因

债务人或依法应为债务人履行债务的人有下列原因之一的，执行法院可以对债务人进行管收。有下列情形之一，经执行法院命债务人提供担保，而债务人不予以提供相当的担保，无论债务人是否经拘提到场，执行法院均可以直接对债务人进行管收：

1. 债务人原来的履行义务具有现实的履行可能性债务人却拒绝履行的：债务人是否有履行义务的可能而无正当理由拒绝履行的，应参考该义务的内容、债务人的履行能力、债务人的具体生活状况及其他情形予以认定；具有逃匿债务履行的可能性的；债务人就应予以强制执行的财产有隐匿或处分的情形的；执行法院在调查执行标的物时，对法官或书记官的执行行为有拒绝陈述的情形的；执行法院已发现的债务人财产不足以抵偿债权人申请强制执行的债权或执行法院不能发现债务人应交付执行法院用于强制执行的财产的，执行法院出于债权人的申请，命令债务人据实报告该执行法院限定的特定期间届满前一年内债务人可以用于强制执行的财产的具体状况，债务人不进行报告或作虚假的报告的情形；执行法院的法官或执行书记官，为调查用于强制执行的不动产的实际状况、占有使用情形或该项不动产之上的其他权利关系，执行法院讯问债务人并命令债务人提供有关债权文书的，债务人无正当理由拒绝陈述或提供的文书为虚假的情形。（我国台湾地区有关强制执行的规定第 21、22、77-1 条）

2. 执行根据是执行法院强制要求债务人交付书证、印章或其他相类似的权利凭证的，如果债务人拒绝而不予以交付的，执行法院以转交债权人的方式执行而达不到相应的效果的。（我国台湾地区有关强制执行的规定第 123 条）

3. 依据执行的根据，债务人应为执行法院要求的一定的特定行为，而债务人的行为非为他人所能代为履行的（不能替代履行的），债务人无正当理由拒绝履行的，经执行法院指定期限限定债务人予以强制履行的期间，债务人仍然拒绝履行的。（我国台湾地区有关强制执行的规定第 128 条）

4. 执行根据是命令债务人容忍他人的一定的行为或者是执行法院要求禁止债务人为一定行为的，但是被执行的债务人却拒绝予以履行的。经执行法院的强制管收后，债务人仍然拒不履行的，负责执行的法院可以再次进行管收。（我国台湾地区有关强制执行的规定第129条）

5. 债权人依我国台湾地区相关规定第151条规定拘束债务人相应的被执行的财物，债权人并申请法院处理，经法院命令对于特定财产实行假扣押或假处分的。（我国台湾地区有关强制执行的规定第132-2条）

6. 债权人向执行法院就金钱请求以外的提出强制执行的请求的，因为债权人提出请求标的物的现状的变更，有将来不能强制执行或甚难执行的危险，执行法院为了保全强制执行的，或者在争执（诉讼纠纷解决程序）法律关系，债权人申请法院先予执行的，经执行法院命令债务人为一定的特定行为，而债务人的相应行为非为债务人之外的人所能代为履行的，但是债务人却拒不予以履行的，经执行法院限定债务人特定的履行债务的期间，债务履行期间届满后债务人无正当理由仍然拒不履行的。（我国台湾地区有关强制执行的规定第140条）

4.5 本章小结

我国民事诉讼强制措施立法体例采用专章式立法，此种立法形式的优势在于可以充分体现民事诉讼强制措施制度的共通性原理，但是不足之处也非常明显：与民事诉讼其他制度间的衔接存在问题。民事诉讼强制措施作为保障民事诉讼审判和执行程序得以顺利展开的重要保障性制度，自然应加强与其他民事诉讼制度间的互动。民事诉讼制度中，如文书强制提出命令、证明妨碍、执行中强制措施的运用等方面，原有相关制度的立法已经部分涉及该项制度中对应的民事强制措施的运用问题，但是总体而言民事诉讼强制措施与上述诸多制度之间的衔接还稍显不足，或者说两种制度间的衔接是“无意的”，在未来民事诉讼制度的修订过程甚至是新制度引进过程中，我们更加应该考虑“刻意的”民事诉讼强制措施与相关制度间的衔接，以达到保障制度落实的目的。

第5章

司法政策视野下的民事诉讼强制措施制度

欧洲大陆法系的国家，有现代化意义上的民事诉讼法立法制度，至少有超过一百年的历史了。从客观上说来这些国家一百多年来实行民事诉讼法所累计的经验是丰富的，这些国家民事诉讼法建立了许多的立法准则，这其中的许多准则或者说民事诉讼基本制度已成为世界各国和地区坚持的民事诉讼法的基本原则（如辩论主义与处分主义）。虽然说这其中有些制度和基本原则尚需要随着实践由时代予以考验，但是总体来讲由于时代环境的不同，以及世界各国和地区各自的具体的社会情况的较大差异，最后加上民事诉讼法律程序本身发展过程的不同而造成的阶段性和制度沿革方面的变动性，我们整个人类社会虽然已经体会过民事诉讼法各种各样的立法主义与立法模式，但是尚未发现任何一种立法主义或者某一个国家的立法模式为绝对的完美、可以完全地无条件适用于其所在国家和地区的全部民事诉讼法律程序之中。但是可以确定的是，世界各国和地区包括我国仅能根据所处的时代环境的不同以及具体社会情况的差异，基于其自身的特征而实际存在的各种各样的具体化的民事诉讼法律程序的现实需要，由其立法机关依据某一时期的一定的司法政策的考量，选择最为妥当的立法主义、立法原则与民事诉讼司法制度。[1]

---

〔1〕 参见陈荣宗等：《民事程式法论文集》（第4册），三民书局1993年版，第1~2页。

从这个认识论的角度看，各种不同立法主义、制度之优劣，仅具有相对的妥当性。解释说明民事诉讼法的各种立法主义、原则、制度的时候，不能不立足于现在的时点，以当前社会环境为基础，观察检讨法律政策之问题。本部分就民事诉讼法的司法政策，在决定作为民事诉讼基本保障制度的民事诉讼强制措施时的意义和体现作为写作的要旨。

5.1 引例：法庭内自杀强制措施适用的探讨

5.1.1 两个典型案件

2004年7月12日，江西省进贤县文港镇年过七旬的老人晏忠民在文港法庭里实施了自杀性爆炸，老人当场死亡，这一悲剧也被人们称为“赡养第一爆”。老人之所以选择在法院进行自杀，缘于老人对于法庭多次调解自己的孩子回家看望自己没有达到期望所生的不满。[1]类似更加极端的案件是，法院判令被告还款，被告自杀，主审法官被判处玩忽职守罪。在该案件中，法官认定借贷关系成立的依据是被告手写签名的借条，但是被告称该借条为自己被逼迫的情况下所写。法官询问当事人，对于自己主张的被胁迫写下借条有无报警，被告陈述说没有，被告在庭审中也举不出确切证据证明自己被胁迫，法官认为被逼迫的事实并不清楚，最终认可借条的法律效力，被告服毒自杀。[2]

类似案件还不断见诸媒体的报道中，这些案件加上媒体的

〔1〕 案件报道可参见《北京青年报》，载 http://news.sohu.com/20040719/n221070404.shtml，最后访问日期：2015年4月2日。

〔2〕 参见“被告败诉在法庭门口自杀”，载 http://china.findlaw.cn/bianhu/gezuibianhu/duzhizui/wanhuzhishouzui/22069.html，最后访问日期：2015年4月2日。

渲染，无不引起轩然大波，甚至引起社会对于法院、法官的声讨，极个别案件主审法官甚至深陷囹圄。

5.1.2 法庭自杀问题的思考

法庭自杀问题，大多数人关注的可能是法官的责任，持该说者的主要观点是：法院的职能是适用法律进行审判最终解决纠纷，但是现代意义上的司法权，其外延不断发生扩展，其中扩展之一便是伴随法院的审判活动出现的参与、管理、执行有关社会职能的衍生性司法活动〔1〕，维护社会的稳定、和谐有序便是这种衍生产品的体现之一。

但是笔者认为，在维护社会稳定这样特定的时代大环境要求下，要求法院承担一定的社会职能是无可厚非的。但是司法权的本质是一种非此即彼的判断权，具有消极被动的特性，因此法官的判断活动是根据当事人提供的有限证据予以进行的，这就必然导致法院对于案件事实的判断与客观案件事实本身具有一定的差异性，案件认定事实不可能是案件事实本身，诉讼真实也不同于实质真实。除非法官具有贪污腐败行为，否则笔者主张，当事人追求案件实质正义、客观真实的要求没有达到，采用自杀这种方式来妨害和阻挠审判与执行活动，法院完全有权力采取民事诉讼强制措施排除妨害。当然如果妨害措施采取错误，事后进行司法赔偿也是应该的，但是民事诉讼强制措施针对的情形通常具有紧急性，要求法院完全查明事实后再采取民事诉讼强制措施，很多时候就失去了民事诉讼强制措施运用的基本意义。在法庭自杀的问题上，一定时期维护社会稳定的总体政策性目标不能架空司法个案。

---

〔1〕 参见杨一平：《司法正义论》，法律出版社1999年版，第26~32页。

5.2 政策、司法政策及民事诉讼

关于政策的概念，中外学者有着不同的理解和认识。比如卡尔·弗雷德里奇认为：(司法) 政策具体是指在某一国家特定的司法环境之下，由个人、社会团体和一国统治者的政府有计划的活动的一种动态过程。无论提出政策的主体是谁，其原来的用意就是政策提出者利用时机克服一定的障碍，以实现政策提出者某一个甚至是几个既定的目标，或者最终达到政策提出者的某一或者几个既定的目的。与此同时，美国的学者安德森理解的政策则是：政策是特定的主体在一定的意志支配之下有目的地进行相应活动的过程，而这些有目的的相应活动是由一个个甚至是一批批具体的行为者，为处理某一个甚至某一批特定的或者类似的问题和有关事务而采取的行动的总和。我国对于政策的研究方面，有学者就提出：政策是一个国家的政治机关、政府、社会政党及其他政治性的社会团体在特定的历史时期，为了实现或服务于自身需要的一定的社会政治的、经济的、文化的目标所采取的政治性行为或者说规定相应的一系列的行为准则的总和，政策是由一系列的谋略、法规、具体的措施、各种的办法和具体的条例等加起来的总和。[1]

司法政策是最高人民法院根据国家的政策，结合法院工作实际制定的工作方针、工作重点以及一个时期的审判工作方向，是国家政策在司法领域中的具体体现。[2]目前在政策与司法的

〔1〕 有关政策的各种学说参见张大海：《新时期司法政策实证研究》，中国政法大学出版社2014年版，第67~68页。

〔2〕 参见吴庆宝主编：《最高人民法院司法政策与指导案例》（民事诉讼卷），法律出版社2011年版，第1页。

关系研究中，有研究认为：最高人民法院的司法解释在公共政策进入司法裁判的过程中起着中介作用。〔1〕本书认为司法政策是司法机关为了回应社会发展对司法的新需求，而在司法实践中贯彻落实党和国家方针政策的手段和措施。司法政策从属于国家政策，是国家政策在司法领域的变化形态和表现形式，对于具体司法实践具有重要的指导意义。在我国，最高人民法院的司法解释等司法文件是司法政策的重要载体和主要表现形式。

5.3 典型民事诉讼强制措施司法政策的梳理

回顾1982年《民事诉讼法（试行）》到现行民事诉讼法关于民事诉讼强制措施的司法政策，根据时期和所针对的问题，笔者大体可以将典型的司法政策影响下的民事诉讼强制措施制度分为三类：解决执行难型、知识产权保护型以及新型社会问题型。下面就民事诉讼强制措施制度的这三个层面予以梳理。

1982年《民事诉讼法（试行）》第八章“对妨害民事诉讼的强制措施”第76条到第79条为民事诉讼强制措施的制度性规定。在这一时期社会经济处于起步阶段，经济类纠纷案件数量激增，但是经济类案件的执行难，尤其是金融类机构的协助执行难问题开始困扰法院，因此这一时期的民事诉讼司法政策很多是围绕解决协助执行难予以展开的。典型代表是1985年12月9日发布的《最高人民法院关于审理经济纠纷案件必须严肃执法的通知》。这一司法政策也影响到民事诉讼强制措施制度，

〔1〕 参见张大海：《新时期司法政策实证研究》，中国政法大学出版社2014年版，第73页。

表现为最高人民法院先后发布若干个司法解释及文件。

1991 年《民事诉讼法》第十章“对妨害民事诉讼的强制措施”第 100 条到第 106 条规定了民事诉讼强制措施，1991 年之后知识产权保护成为社会中的一大热点问题，加强知识产权审判工作，是确保实现创新型国家战略目标的需要。党的十六届五中全会明确提出，要把增强自主创新能力作为国家战略，致力于建设创新型国家。《中共中央国务院关于实施科技规划纲要增强自主创新能力的决定》中进一步明确了建设创新型国家的战略目标，并明确提出，经过 15 年努力，到 2020 年使我国进入创新型国家行列。十六届六中全会强调，要把增强全社会创造活力，建设创新型国家，作为构建社会主义和谐社会的目标和主要任务之一。建设创新型国家，走中国特色自主创新道路，已成为我国全面落实科学发展观、开创社会主义现代化建设新局面的重大战略举措和长期艰巨任务。保护知识产权这一司法政策，使民事诉讼强制措施制度受到了影响并作出了回应。

2007 年修改后的《民事诉讼法》体现的司法政策对于民事诉讼强制措施制度的建构和引导仍然非常明显，这次《民事诉讼法》的修改主要是回应社会上的执行难和申请再审难的问题，2007 年之后的司法政策主要是围绕着解决上述两难予以展开，而民事诉讼强制措施制度也受到了这一司法政策的影响，主要体现在进一步加大执行力度，推动整个社会的信用机制的建设，最大限度保护执行程序中的申请执行人和被执行人的合法权益，这些完全是对司法政策的一种回应。

5.4 民事诉讼强制措施适用的实证考察

5.4.1 样本法院的介绍

为获取民事诉讼强制措施更多一手的资料，感知审判一线法官关于民事诉讼强制措施的切身感受，笔者对S省L县基层人民法院民事审判庭法官，通过问卷调查、小型座谈会的方式进行了访谈和调研。该基层法院从事民事审判的法官数量不是很多，笔者主要和10个法官进行了访谈和问卷。这十人从事审判工作的时间均在10年~20年之间，每人近5年受理案件数量均在200件~400件之间。该院采取民事诉讼强制措施的案件数量，法院本身并没有实际统计过，但从每个法官的个人感知角度看，在民事诉讼案件庭审时，采取训诫这一强制措施居多，罚款、拘留两种措施每年每人采用过两到三次。

5.4.2 设计的问卷

民事诉讼强制措施适用问卷调查

本问卷针对民事案件审判人员，只做学术研究使用，且在发表的文章中会隐去所在法院名称、地域及人员信息，请放心参与！只需要在你认为对的地方打“√”即可

您所在法院名称____________________；您从事审判年限____________________

近五年民事案件受理数量（大体即可）____________；____________；____________；____________；____________

采取民事诉讼强制措施案件数量（训诫、责令退出法庭、罚款、拘留、拘传）____________（件数）；所占审理案件的比

例____________

1. 审理案件您优先考虑？

（1）司法政策　　　　（2）法律规定

2. 政策与法律冲突，办案中您选择按照下面哪种办案？

（1）政策　　　　（2）法律规定

3. 被告不到庭怎么办？

（1）拘传　　　　（2）缺席判决

4. 民事诉讼中存在必须到庭的被告吗？

（1）存在　　　　（2）不存在

5. 训诫在法庭审理中作用大吗？

（1）大　　　　（2）不大　　　　（3）基本没有作用

6. 对当事人、诉讼代理人责令退出法庭后，案件怎么审理？

（1）继续审理，缺席判决

（2）休庭，批评教育后再审理

（3）当事人退出法庭也可以继续审理

（4）代理人退出法庭不影响审理

7. 罚款要不要通过司法解释细化分出具体几个档次？

（1）要　　　　（2）不需要，法院自由裁量即可

8. 对于罚款、拘传是复议好还是允许当事人针对罚款和拘传可以上诉好？

（1）复议好　　　　（2）上诉好

9. 罚款与司法形势关系大吗，比如执行困难是不是罚款力度更大？

（1）关系大　　　　（2）关系不大

10. 不考虑法律规定，你觉得针对原告可以拘传吗？

（1）原告不到庭查不明白事实的话，可以拘传

(2) 不能拘传，按撤诉处理即可

5.4.3 关于问卷问题回答的统计及相应分析

下列数字代表了上述问卷中对应的问题序号，数字后为笔者就该问题法官的回答所作的统计。

1. 案件审理优先考虑法律规定，没有争议。

2. 政策与法律规定冲突，按照法律规定办案。

对于上述两问题，笔者认为针对民事诉讼中具有强烈的司法政策性（比如调解），就一般人而言可能有一定的误解，但是从问卷和调研的表象看来，笔者认为法官内心还是认可审理案件是“司法”，即执行法律，只是当一个司法政策上升到司法解释、法院内部指示的高度时，法官内心也就将这种司法政策解读为法律了。

3. 被告不到庭，一般缺席判，必须到庭的拘传。

4. 存在必须到庭的被告。

3 和 4 两个问题，体现出法官认为民事诉讼案件中存在必须到庭的被告。通过访谈，法官认为存在必须到庭的被告原因在于，有些案件，如果被告不到庭，没有办法查清案件事实，也就不能够结案，如果简单的缺席判决，可能会引起上访等问题。从这一点的访谈和调研中，笔者感受到，法官有时决定拘传被告，是出于现实的无奈；也反映出实事求是这一司法理念的深刻印痕，实事求是导致的最终结果可能就是证明责任分配规则在一些案件中被虚置。

5. 训诫在法庭审理中，认为其作用大的有 5 人，认为其作用不大的 4 人，没填写的有 1 人。

关于庭审过程中采用的训诫，法官的观点差异较大，占半数法官认为训诫所起到的作用较大。在本书的写作过程中，笔者也坚持认为应当保留法官庭审训诫的权力，只是笔者认为这种权力应该从民事诉讼强制措施中予以取消，将其归属到《法院组织法》之中，可以认为训诫是一种法院的行政性权力。

6. 对当事人、诉讼代理人责令退出法庭后，有 5 人选择休庭，批评教育后再审理，有 4 人选择代理人退出法庭不影响审理，1 人两个选项都选择。

针对责令退出法庭这一强制措施的存废问题，理论界争议是比较大的。如有学者指出，责令退出法庭（或称驱逐出庭）是法庭警察权的典型体现，但是对于责令退出法庭后如何审理该案件，司法解释并没有明确的规定，因此该强制措施的运用和存在具有现实的不合理性。〔1〕通过笔者与法官的交流，法官对于责令退出法庭这项权力的保留是没有争议的，但是对于责令退出法庭后到底该休庭、延期审理还是缺席判决，由于现行立法及司法解释没有明确规定，法官觉得无所适从；由于该制度配套程序设置的缺失，对于责令退出法庭后庭审是否可以继续，能否允许其再次重返法庭，责令退出法庭后其程序性权利如何得到维护，重返法庭后程序如何进行等诸多问题，如果没有相应配套制度出台，会导致该项强制措施的适用出现较大的争议。

7. 罚款要不要通过司法解释细化分出几个档次，有 7 人选择要，3 人不需要。

8. 对于罚款、拘传认为复议好。

9. 认为罚款与司法形势关系大的 7 人，不大的 3 人。

---

〔1〕 参见韩旭："法庭内的正义如何实现——最高人民法院刑事诉讼司法解释中法庭纪律及相关规定"，载《清华法学》2013 年第 6 期。

7~9 这三个问题的设置针对的是罚款。就罚款而言，大多数法官还是认为对于罚款的数额应该出台具体的司法解释，司法解释针对具体的违反诉讼秩序行为的轻重规定对应的罚款数额，但也有法官认为，罚款具体适用的数额与情形，交给法官自由裁量更好。对于罚款和拘传的救济，所有人认为复议这种救济方式更好，没有人选择上诉。

10. 不考虑法律规定，认为针对原告可以拘传的 4 人，不能拘传的 6 人。

虽然 2015 年《民事诉讼法司法解释》出台后，针对必须到庭的原告也可以拘传，但是对该问题的回答显示，部分法官还是认为原告不到庭应该按照撤诉处理，以充分尊重原告的处分权。

5.5 “回应型”法的制度探讨

5.5.1 我国民事诉讼强制措施“政策回应型”体现

民事司法是国家公权力在民事纠纷私权利领域的具体运用，具体的民事司法活动绝不仅仅是将纸面上的法律规范简单应用于社会实践，司法的具体实践活动绝对离不开当时当地的社会环境和政治、经济发展水平与阶段。在一个法治发达的社会中，司法的功能绝不仅仅局限于纠纷的解决，司法结果一定会有“衍生品”，就我们当下国家的司法政策而言，推进经济社会快速发展、贯彻落实国家方针政策、服务大局也是当下对于司法的要求之一。在民事诉讼过程中，一个不争的事实是，司法的政策化是当下人民法院工作的重要特征，而最高人民法院的司法解释、指导性案例制度在政策因素介入司法活动方面发挥着媒介的作用。

对于我们的人民法院而言，体现为当下总体的司法政策就是“司法活动要做到法律效果与社会效果的统一”，既要做到司法公正，又要人民群众满意，还要社会效果良好。这种“多中心主义”的司法要求，必然要求法官在司法活动中，不仅仅要考虑法律是怎么规定的，更重要的是，法官要综合考虑、权衡利弊，尽量做到法律效果与社会效果的统一，这实际上无形或者有形中使法官在民事司法活动中更多地考虑党和国家的方针政策、社会稳定、经济发展、案件当事人的具体情况、人民群众对于案件看法的满意度等诸多案件之外、法律规定之外的问题。

很多时候，民事诉讼强制措施作为民事诉讼的一个组成部分，民事诉讼强制措施的运用要“维持社会的稳定”“回应社会的诉求”便是一定时期民事诉讼强制措施的运用首先要考虑的问题。比如 20 世纪第一个十年中，民事诉讼强制措施针对的很多问题都是如何打击知识产权侵权，我国就知识产权侵权案件中民事诉讼强制措施的运用呈现了高压态势；再比如，当下我国举全国之力对付民事执行难问题，尤其是针对“老赖”，在 2010 年之后出台的民事诉讼强制措施中，以限制失信人的高消费为代表性的民事诉讼强制措施的出台也就自然具有必然性了。

司法政策导致部分司法人员的迷茫：到底是依法办案还是从考虑社会综合效果方面来处理案件？这成了每一个司法人员面对的难题。在司法政策的主导之下，尤其是民事诉讼强制措施赋予的法院、法官极大幅度的自由裁量权，这样巨大的自由裁量权以及不同时期、同一时期不同地域司法政策、司法人员水平和看法的差异，极其容易造成同一类案件罚款数额因为地域、时间、办案人员的不同而有巨大的差异。这样的结果最终导致的就是民事诉讼强制措施运用的“无意识”，民事诉讼强制措施实施中的多样化。

5.5.2 “政策回应型”民事司法的评判

法治必须从最终的价值目标上服从和服务于我们国家的在特定历史时期的政治“大局”，这完全是已经为我国以及世界各国法治发展历史所证明了的基本的颠扑不破的真理。我们的社会主义法治只有服从和服务于我们国家的“大局”，法治发展和建设自身才不会最终迷失方向，法治的发展也才能得到更好的发展。[1] 在我国较长时期内，“政策回应型（司）法”被认为是一种理想的并且是在当下最为有效的一种回应社会诉求的中国特色的法律模式。[2]

在民事司法实践中，与规范、稳定甚至是刻板的法律规定相比较而言，司法政策显得比较灵活并具有较强的可操作性，而且可以针对社会形势的变化做出及时的应对，在面对纷繁复杂和日新月异的社会发展变化时，司法政策的有效性和重要性甚至会被无限地夸大。此外，司法政策本身具有极强的目的性，这种目的性通常导致追求一定的司法效果与社会效果的统一为检验的标准。这就必然导致了不同时期基于不同的利益诉求，司法政策作为回应不同诉求、不同社会形势的一种制度因为时间不同而发挥不同的作用。

---

〔1〕 参见中共中央政法委员会编：《社会主义法治理念读本》，中国长安出版社2009年版，第43页。

〔2〕 参见张大海：《新时期司法政策实证研究》，中国政法大学出版社2014年版，第271页。

5.6 本章小结

“政策回应型”是当下我们人民法院司法工作的基本特征，这一特征也必然反映到民事诉讼强制措施制度中。民事诉讼强制措施也必然会随着国家政策的不同而不断地调整其自身运行状态。

第6章

我国民事诉讼强制措施立法体例介评

在现行《民事诉讼法》总则部分，第十章专章规定了妨害民事诉讼的强制措施的种类及其适用。有学者指出，在刑事诉讼法中因为规定了逮捕羁押等事项，因此刑事诉讼中有设立刑事强制措施的必要性，但是在民事诉讼法中是否有此必要设立专章规定民事诉讼强制措施有待商榷。

6.1 我国民事诉讼强制措施集中式立法体现

现行《民事诉讼法》第十章“对妨害民事诉讼的强制措施”主要规定了三个方面的内容：妨害民事诉讼的行为及其措施、诉讼中对于妨害民事诉讼强制措施的决定程序、关于具体适用追究妨害民事诉讼行为刑事责任的程序。归结起来主要有七类情形：

第一是对不到庭被告的规定可以进行拘传，2015 年《民事诉讼法司法解释》规定，对于必须到庭的原告同样可以适用拘传（《民事诉讼法》第 109 条、《民事诉讼法司法解释》第 174 条）；第二是对于民事诉讼进行中妨害法庭秩序行为的处罚，人民法院对于诉讼中违反法庭规则的人，可以予以训诫、责令退出法庭或者予以罚款、拘留（《民事诉讼法》第 110 条）；第三是针对妨害诉讼证据收集的处罚行为（《民事诉讼法》第 111 条）；第四是对司法人员、诉讼参与人有违反诉讼秩序的不当行为的民事强制措施处罚（《民事诉讼法》第111条）；第五是针对民事诉讼中妨害民事执行行为的处罚（《民事诉讼法》第113、114条）；第六是针对有关单位不履行协助法院调查、执行的处罚（《民事诉讼法》第114条）；第七是针对民事诉讼进程中有虚假诉讼、恶意诉讼行为所采取的民事诉讼强制措施（《民事诉讼法》第112条）。

6.2 民事诉讼强制措施立法体例的比对

6.2.1 德国民事诉讼强制措施立法体例〔1〕

《德国民事诉讼法》第380条规定，对于证人违反作证义务可以进行罚款；证人不缴纳罚款的时候，对证人可以科以拘留；甚至是可以拘传证人。《德国民事诉讼法》第409条规定，鉴定人不到场或拒绝从事他有义务应该从事的鉴定工作……应由鉴定人负担由于鉴定人拒绝出庭而产生的相应的诉讼费用。同时法院可以对于鉴定人实施罚款。鉴定人被罚款后再次违反出庭规定的，法院可以对于鉴定人再次科处一定数额罚款。

6.2.2 日本民事诉讼强制措施立法体例〔2〕

《日本民事诉讼法》第192条、第194条规定，证人没有正

〔1〕 法条参见德国贝克出版社编：《德意志联邦共和国民事诉讼法》，谢怀栻译，中国法制出版社2001年版。

〔2〕 法条来源：《日本民事程序法汇编》（根据《日本民事诉讼法》2007年修订后翻译），复印自中国政法大学图书馆，该法条并没有明确出版方，也没有注明印行时间。

当的理由而不出庭时，法院可以判决证人承担因为其拒绝出庭而产生的相应的民事诉讼过程中的有关费用，并对于证人处以10万日元以下数额的罚款或者拘留。同时其第209条规定，经宣誓的出庭的诉讼程序的双方当事人如果在庭审过程中作虚伪陈述被法院查证虚假陈述为真实的话，则法院可以裁定判处虚假陈述的当事人以10万日元以下的罚款。

6.2.3 法国民事诉讼强制措施立法体例〔1〕

《法国民事诉讼法》第207条规定，对于法院认为必须出庭的证人，法院可以发出传票传唤证人到庭，证人出庭产生的费用由证人自负；对于接到法院传票传唤拒绝出庭的证人，法院可以科处相应未出庭证人最高不超过3000欧元的诉讼秩序罚款。第211条规定，出庭作证的证人负有真实的义务；如果证人出庭作出了虚假陈述的话，则受诉法院可以针对证人判处罚金或者相应的监禁处罚。

6.2.4 英国民事诉讼强制措施立法体例〔2〕

《英国民事诉讼规则》第32.14条规定，如果出庭作证的证人，在就证人感知的事实声明中作出了虚假陈述的话，受理案件的法官可以直接向故意虚假的证人宣告藐视法庭罪。第34.10条规定了强制证人出庭制度。

---

〔1〕法条参见《法国新民事诉讼法典》（上册），罗结珍译，法律出版社2008年版。

〔2〕法条参见《英国民事诉讼规则》，徐昕译，中国法制出版社2001年版。

6.2.5 美国民事诉讼强制措施立法体例〔1〕

《美国民事诉讼规则》第 37 条第 2 款规定了对于民事诉讼过程中不服从法院关于发现程序中的当事人或其它替代当事人作证的有关主体的制裁行为。另外该条第 3 款规定了，对当事人不出示、虚假或误导性出示，拒绝自认的制裁，包括要求其支付因不作为而应支付的费用，包括律师费。第 45 条第 5 款规定，任何人如果接到受诉法院的传票但是没有足够的理由而没有遵守已送达的传票指定的开庭期日和期间的规定的，则发出传票的法院可以判令接收到传票的当事人的行为是对发出传票法院的直接藐视，而直接承担藐视法庭罪的法律责任。第 56 条第 7 款规定，如果法院判令认为诉讼中的当事人出于主观的恶意或者诉讼当事人仅仅是出于拖延民事诉讼进程为其最终目的的话，法院可以直接裁定诉讼中的相关不诚信的当事人向对方当事人支付由于该拖延诉讼等不诚信行为而致使对方当事人遭受的合理的诉讼费用的支出，这些具体的费用包括对方当事人支出的合理的律师费用，甚至法院可以直接判令违反上述诚信义务的诉讼当事人或者是当事人的律师以藐视法庭罪。

6.2.6 我国台湾地区民事诉讼强制措施立法体例

为保证法院民事诉讼程序的顺利进行，并确保裁判执行效果，其有妨害行为者，在我国台湾地区也有民事诉讼强制措施或制裁的规定，但规定并未集中于一章节，其情况大致如下：

证人不在场、拒绝证言、拒绝具结之罚款或拘提（我国台

〔1〕 法条参见《美国联邦民事诉讼规则证据规则》，白绿铉、卞建林译，中国法制出版社 2000 年版。

湾地区有关民事诉讼的规定第 303、310、315 条)；鉴定人不在场、拒绝鉴定、拒绝具结之罚款（我国台湾地区有关民事诉讼的规定第 324、329 条)；第三人不提出文书之罚款（我国台湾地区有关民事诉讼的规定第 349 条)；第三人不提出勘验物之罚款（我国台湾地区有关民事诉讼的规定第 367 条)；证人、鉴定人于案情有重要关系的事项为虚伪陈述的刑事裁判（我国台湾地区有关刑事的规定第 168 条)；损坏、除去或污秽公务人员所施查封（民事强制执行之查封）行为的刑事制裁（我国台湾地区有关刑事的规定第 139 条)；债务人将受强制执行的标的有毁坏、处分或隐匿财产的刑事裁判（我国台湾地区有关刑事的规定第 356 条)；妨害法庭秩序或有其他不当行为，得禁止其进入法庭或命令退出法庭或看管至闭庭时的强制处分（我国台湾地区有关法院组织的规定第 91 条)；违反审判长、法官所发维持法庭秩序的命令，致妨害法庭执行职务，经制止不听从的刑事制裁（我国台湾地区有关法院组织的规定第 95 条)。

6.2.7 我国香港地区民事诉讼强制措施立法体例

根据 1962 年《香港地方法院条例（修正）》第三编规定，对妨害民事诉讼的强制措施与刑事诉讼中的强制措施通用，主要体现为如下几个方面：[1]

藐视法院罪；对证人拒不到庭和拒绝宣誓或作证的强制措施；关于伪证的处罚。我国香港地区对妨害民事诉讼的强制措施与内地民事诉讼的强制措施比较有如下不同特点：我国香港地区对民事诉讼的强制措施，其中对伪证和干扰法庭秩序的行

〔1〕 参见顾有荣、吴志良、费成康主编，黄双全：《民事诉讼法比较》，福建人民出版社 1999 年版，第 163~164 页。

为，法律明确规定为犯罪行为，规定了伪证罪和藐视法庭罪。内地无此规定，只是规定行为人犯有妨害民事诉讼秩序的行为，情节严重，构成犯罪的，依法追究刑事责任。我国香港地区对妨害民事诉讼的强制措施种类单一，主要是罚款，即 1000 港元以下罚款，没有规定其他种类的强制措施。内地对妨害民事诉讼秩序的强制措施种类有：拘传、训诫、责令退出法庭、罚款、拘留直至追究刑事责任。

6.3 启示与我国民事诉讼强制措施的体系化建构

6.3.1 启示

民事诉讼强制措施采专章规定的好处在于民事诉讼强制措施的适用具有明确性，现行立法即采用这一立法模式。采专章规定式立法模式，有利于规定和体现诸种民事诉讼强制措施的共同之处，但现行立法并没有达到这种理想化的要求和期待，主要表现为现行专章规定仅仅是对民事诉讼强制措施的简单罗列和堆砌，并没有严密的逻辑性。专章式规定，立法者试图规定民事违法行为的具体构成要件，但是立法结果并未体现出来这种立法考量。专章式立法规定容易导致民事诉讼强制措施与具体民事诉讼制度相脱离，如将伪证采用的强制措施规定于证人作证中即可。专章式立法规定是教科书式的写法（立法），因为如果是教科书，专章集中论述民事诉讼强制措施，有利于人们对于抽象性规定的理解和运用。

关于妨害民事诉讼的行为，与我们民事诉讼法所规定的七类妨害民事诉讼的行为相比，其他国家和地区所规定的妨害民事行为种类少得多，且主要是指那些消极的妨害民事诉讼程序进行的行为。如证人不出庭作证、作虚伪陈述以及不服从法院关于证据开示的命令等。

关于强制措施的种类方面，我国民事诉讼法特有的强制措施是对当事人的拘传。这一措施鲜为其他国家和地区民事诉讼法所采用。被告不到庭是其懈怠行使诉讼权利的行为，法院采取强制措施令其出庭，实质上体现了我国民事诉讼中仍存在的法院职权主义色彩。而以不到庭就无法查明案件事实为理由对原、被告采取拘传这一强制措施，则反映了证明责任规则在我国民事诉讼中的缺失。正是为此，取消针对原、被告人的拘传，采用撤诉、缺席判决制度或将当事人递交的答辩状作为口头陈述并以此为基础作出相应判决可能是一个较好的选择。

6.3.2 我国民事诉讼强制措施的体系化建构

（一）弱化民事诉讼中职权主义诉讼理念〔1〕

民事诉讼总体上可以分为当事人主义与职权主义两种诉讼模式。所谓当事人主义，指民事诉讼的审理所需内容资料及审理的技术程序，全部由当事人主导。反之，审理民事诉讼所需资料内容及技术程序，全部由法院收集提出后指挥领导的称为职权主义。现在几乎已经没有采取极端的当事人主义或者职权主义的国家或者地区。当事人主义一般会导致使诉讼拖延，无法迅速结束，不合诉讼经济的要求。职权主义最大的弊端为违反私法自治原则，将民事诉讼与刑事诉讼同视，当事人一旦起诉，立即丧失自主权，不能自由决定处分自己的权利。德日以

〔1〕 关于当事人主义与职权主义、当事人进行主义与职权进行主义的介绍，可参见陈荣宗等：《民事程式法论文集》（第4册），三民书局1993年版，第4~10页。

及我国台湾地区均采折衷的立法模式，即诉讼审理所需内容资料的主张与收集方面，概由当事人自行设法采主导角色，至于诉讼系属后的审理技术程序方面，全部由法院指挥领导为原则。诉讼审理所需内容资料的主张收集及提出，是诉讼程序的重要组成部分，此部分的主导权操控在当事人手中即为当事人主义，反之则为职权主义。

在具体诉讼程序的推进方面，理论界又将诉讼程序分为当事人进行主义与职权进行主义两类。当事人向法院起诉或上诉后，诉讼程序如何进行的决定及主宰权限归当事人称为当事人进行主义。反之，进行诉讼程序的主宰领导权在法院则称为职权进行主义。现在大陆法系的民事诉讼，固然采处分权及辩论主义为原则，但对于当事人起诉或上诉后的诉讼程序进行，却以采取职权进行主义立法更为普遍，而以当事人进行主义为例外。原因在于当事人进行主义容易拖延诉讼，造成法院及双方当事人的诉累，不符合诉讼迅速经济的要求。《德国民事诉讼法》于1909年以前，由于受《法国民事诉讼法》影响，当时对于送达工作采取当事人进行主义，而由原告及被告自行负责。以后一律改由法院依职权送达，且法院期日指定及传唤与期日出庭的决定诉讼行为，也全部改由法院为主宰决定。立法者采取职权进行主义，与促进诉讼迅速问题紧密相关，且与福祉国家的法治思想关系密切。德国现行立法大幅度采用职权进行主义原则，制定所谓简化草案。

现行的民事诉讼模式，总体而言应该说是属于职权干预主义的一种类型，这绝对不仅仅是一种民事诉讼法学理论上的假设，而是对于我国民事诉讼立法的一种历史考察，同时又是一种我国民事诉讼当下情形的现实的考证。我国民事诉讼强制措施从性质上并不是独立的诉讼程序，仅仅是一种诉讼程序的保障程序，但是职权主义色彩依然存在。在民事诉讼强制措施程序的推进方面，我国民事诉讼强制措施显然毫无疑问应该归属于职权进行主义。而市场经济体制是一种平等经济形态，强调私权利保护的本位主义，弱化法院职权，加强民事诉讼中当事人的权利有利于司法体制与经济体制两者之间的良性互动与协调。强调弱化法院在民事诉讼中的职权主义行为是完善民事诉讼强制措施制度的前提和基础。弱化民事诉讼程序中法院的职权绝对不意味着人民法院在诉讼制度的建构上权威性的降低，原因在于人民法院的最终权威性绝对不在于人民法院在我国民事诉讼立法和民事诉讼司法实践中权力的扩大还是缩小，而是来源于法院行使民事诉讼案件审理中审判权的正确性、公开性和公正性。

（二）民事诉讼强制措施立法的精细化

基于1982年《民事诉讼法（试行）》以来的历史惯性思维，笔者仍然主张民事诉讼强制措施的立法体例采用专章式规定，只是民事诉讼强制措施的立法规定应该更加精细化，具体而言，应该对法院在诉讼进程中所采用的民事诉讼强制措施进行适当的限制并建立制度化的约束机制，使得每一种具体的民事诉讼强制措施更加明确化、具体化、精细化。

1. 将违法构成和处罚明确化，使得处罚的幅度趋于合理化

在民事诉讼立法对于民事违法行为进行分类的时候，要按照行为人违法行为过错的大小以及违法行为的严重程度来进行划分；在民事诉讼立法明确界定了违法行为特征之后，立法绝对避免使用“情节严重”“其它方法”等语义含混、语焉不详的立法用语；在具体适用民事诉讼强制措施具体种类对于行为主体科处处罚的时候，立法上尽量不使用“可以”，而应该多使

用“应当”这样的有利于确定具体使用标准、同时限制司法自由裁量权的立法术语。

2. 对妨害民事诉讼行为的理论分类

对于妨害民事诉讼行为的理论分类现状，《民事诉讼法》第110、111、112、113 条采取列举式的方式规定了个人妨害民事诉讼行为的种类；第 114 条采取列举式的方式规定了单位妨害民事诉讼行为的种类。目前我国民事诉讼理论界也鲜有对妨害民事诉讼行为的分类，更谈不上统一的划分标准，笔者试提出以下分类标准以求对妨害民事诉讼行为进行整理归类。民事诉讼理论方面，就需要对于妨害民事诉讼行为进行精细化分类。根据妨害民事诉讼行为的内容性质或者说侵害行为针对的对象不同分为三类，即妨害民事诉讼秩序行为、影响案件审判公正行为、侵害（伤害）案件相关人员的行为。

3. 严格民事诉讼强制措施适用程序

主要应该从以下几个角度予以展开：严格罚款、拘留决定书的批准与具体适用程序，具体适用程序是对于有关的强制措施适用立法要明确作出法院需要处罚调查取证的程序；立法应明确规定民事强制措施适用时候的批准的法定期间与标准；立法应明确规定民事诉讼强制措施处罚的执行程序；此外，应合理延长被采取民事强制措施者申请复议的期间，并且通过民事诉讼立法或者司法解释的形式，明确规定民事诉讼强制措施复议受理的期间和内容。同时应当考虑建立民事诉讼强制措施处罚适用方面的公开制度和法院违法适用民事强制措施时候的处罚的司法赔偿制度。[1]

---

〔1〕 参见王习明：“关于完善‘民事诉讼强制措施’的讨论”，载《荆门职业技术学院学报》2001 年第 1 期。

4. 适当限制民事诉讼强制措施的适用范围和适用种类

我国民事诉讼强制措施适用范围的立法本意过分倾向于对法院和法院司法人员的尊重，应该向兼具私法秩序的维护与尊重当事人诉讼权利进行转化。在这一理念的指导之下，民事诉讼强制措施应该从以下几个方面予以制度上的调整：

第一是删除不符合诉讼法理的民事诉讼强制措施的一些规定，比如对于诉讼中当事人不到庭参加诉讼的行为，不应再视为妨害民事诉讼秩序的行为，而应当视为当事人对于自己诉讼实体权利和程序权利的处分。第二是拘传制度适用对象的变化，为了保证民事诉讼程序的有序展开和循序渐进地进行，进一步规范和平衡妨害民事诉讼秩序的行为，明确规定对于诉讼过程中的证人、鉴定人不到庭可以采取的民事诉讼强制措施类型。第三是缩减强制措施的种类，明确删除训诫、责令退出法庭等不切实际的民事诉讼强制措施，将上述两类归属到《法院组织法》的范畴，可以将民事诉讼强制措施主要限定在拘传、罚款、拘留这三类。第四是明确和调整现行立法关于民事诉讼强制措施可以适用的对象。在对于各类妨害民事诉讼秩序的行为进行界定之后，尽可能做到对于不同类型的妨害民事诉讼秩序的行为采取不同的民事诉讼强制措施，减少民事诉讼强制措施适用种类方面的随意性以及各自适用范围的不明确性，进一步限制和压缩我国人民法院在民事诉讼强制措施运用方面的随意性的职权。在讨论对于检察人员是否可以适用民事诉讼强制措施时笔者的观点是，不可以采取民事诉讼强制措施，但是对其可以使用程序性制裁。关于民事诉讼强制措施适用的对象范围方面，有妨害民事诉讼秩序行为的抗诉人基于其职务性，也基于宪法对法院与检察院关系的定位，不适宜采用民事诉讼强制措施，但可以对检察人员的程序违法行为进行程序性制裁。所谓程序性制裁，是相对于实体性制裁而言的，具体是指法院对于警察、检察官、法官以及其他与诉讼程序相关的司法活动的人员是否违反诉讼程序，有无侵犯公民权利的问题所作出的专门性裁判活动，〔1〕陈瑞华教授的程序性制裁理论针对的对象明显是诉讼活动中的行使司法职能的司法活动人员，这种制裁的结果甚至有可能是刑事责任的承担；如果受诉人民法院本院未参加该案审理的工作人员有妨害行为的，应当适用民事诉讼强制措施的规定，因为此种情形下该法院工作人员并非履行职务的行为；参加本案审理的法院组成人员有妨害民事诉讼秩序行为的，则基于其职务性尊严的保障，法院可以主动适用或者经当事人申请适用回避制度、管辖权的转移制度予以解决，或者可以采用程序性制裁，但是不再适用民事诉讼强制措施；外地法院有妨害民事诉讼秩序的行为，比如拒绝配合送达、调查取证，因为外地法院本身为职务行为，也因为法院彼此之间的司法独立关系，不宜采用民事诉讼强制措施，但是可以运用民事程序性制裁来予以解决。第五是严格区分民事诉讼强制措施中的刑事责任承担问题。对于在民事诉讼过程之中具有妨害民事诉讼秩序的行为并且已经构成刑事犯罪的具体情况下，需要人民法院按照刑事诉讼法的规定追究有关人员的犯罪及刑事责任的时候，将这类不合时宜、不符合诉讼法理的规定从民事诉讼强制措施中予以剔除，不再归属于民事诉讼强制措施的范畴，避免了立法上对于同一问题的重复性规定，进而避免浪费司法的资源。

---

〔1〕 参见陈瑞华：《程序性制裁理论》，中国法制出版社2010年版，第237页。

5. 新增“没收”和“指令完成特定行为”两类诉讼强制措施

在未来民事诉讼立法之中非常有必要增设“没收”这一民事诉讼强制措施，制度设计上类似于我国台湾地区的“管收”制度，使得人民法院有正当的法律根据可以针对违反民事诉讼秩序的人的非法所得以及相应的诉讼参与人在实施妨害民事诉讼行为的过程中使用的暴力工具相应地做出有根据的法律处置性行为。

具体而言，没收主要包括责令具有妨害民事诉讼秩序的行为人限期将私自扣押的他人财产返还给财产的所有人或者保管人，法院可以责令行为人限期交出其隐匿、转移的已经被保全的财产，责令诉讼过程中负有特定的保管、管理义务的责任人限期收回被他人哄抢的特定财物，责令民事诉讼之中的有关行为主体限期由法院予以收回已经由妨害主体散发的用以侮辱、诽谤司法工作人员、相应的诉讼参与主体的如传单等类似的书面材料，责令有妨害民事诉讼秩序的行为主体在法院限定的期限之内予以修复遭到行为人毁损的被采取保全措施的责任财产，责令违反诉讼秩序的行为人立即停止一切具有妨害民事诉讼秩序进行的妨害的行为。并且民事诉讼立法或者司法解释应该进一步明确规定：当人民法院作出要求诉讼过程中相关主体完成指定人民法院限期要求的具体行为的命令后，如果负有履行义务的当事人拒不付诸实施，则人民法院可以请他人代为完成或者由法院直接予以实施相应的行为，但是由此产生的相关费用由当事人予以承担。[1]

---

〔1〕 参见蔡国芹：“对民事诉讼强制措施若干问题的思考”，载《嘉应大学学报》1999 年第 4 期。

6. 增强民事诉讼强制措施与法院组织法、刑法的互动

现行的《法院组织法》没有关于法庭秩序维护的规定（我国台湾地区有关法院组织有相关规定：审判长法庭秩序维持权，妨害法庭秩序之处分，如审判长有权命令有关主体退出法庭；令看管至闭庭的；处三日以下拘留或十元以下罚款），因此民事诉讼法是就妨害法庭秩序及妨害民事诉讼正常进行的行为一并规定。就笔者而言，赞同前述兼子一教授的观点：民事诉讼指挥权具体是指民事诉讼进行的过程之中法院（或法官）为了推进民事诉讼的效率，进而在整个民事诉讼的全过程之中（包括执行程序之中）所具有的一项法院的基本职权，但是至于训诫、责令退出法庭等则理论上应属于法庭警察权的调整范畴，[1]并且对于违反法庭秩序的人，审判长可以予以训诫、责令退出法庭。这在刑事、民事、行政三大诉讼法中具有普遍存在和适用特征方面的共性，因此基于三大诉讼法的共性特征，笔者主张应该予以合并性规定，即规定于法院组织法中，在三大诉讼法之中不再规定训诫、责令退出法庭这一类强制措施。

关于责令退出法庭，如果要保留的话不是所有的妨害民事诉讼秩序的人均可以适用，首先当事人不宜被责令退出法庭；其次行为人为诉讼中当事人的法定代理人的，也不得适用；最后证人也不得适用退出法庭，原因在于证人具有不可替代性。

至于妨害民事诉讼的行为中，有部分行为已构成犯罪的，如《民事诉讼法》第110条聚众冲击法庭的行为，第111条第1至第6项诉讼参与人或者其他人扰乱作证、干扰执行的具体行为，第112条规定了当事人的恶意诉讼、虚假诉讼的行为可追

〔1〕参见［日］兼子一、竹下守夫：《民事诉讼法》，白绿铉译，法律出版社1995年版，第69页。

究刑事犯罪责任，分别触犯《中华人民共和国刑法》第145、148、157、167条。但至于其他行为则没有明确的或者针对性的处罚的规定，而且罪名并不能与上述一一对应，比如针对《民事诉讼法》第112条并没有诉讼欺诈罪。对于上述观点进行评价：其一，该学者针对的是民事诉讼法和刑法没有修改之前；其二，抛开具体的民事诉讼法规定的妨害民事诉讼秩序行为涉嫌的具体罪名是什么不谈，该学者犯了研究民事诉讼的人常犯的一个错误，对照2012年新实施之后的《民事诉讼法》，其中《民事诉讼法》第110、111、112条规定了若干种行为，每一种行为都可以对其罚款、拘留，情节严重的都可以追究行为人的刑事责任，那么接下来的问题是：《民事诉讼法》第110、111、112条所规定的这些需要依法追究刑事责任的情形针对的就是具体罪名吗？比如刑法明确规定伪证罪仅仅针对刑事诉讼程序，那么是否意味着民事诉讼中行为主体涉及伪造证据情节严重，需要追究刑事责任，因为刑法所规定的伪证罪仅仅针对刑事诉讼程序，而基于罪刑法定原则民事伪证就不能追究刑事责任了呢？这显然涉及上述三个法条到底是否每一种情形就针对刑法一个具体罪名这一基本问题。大多数民事诉讼法的学者对于上述三个《民事诉讼法》的法条显然采用的是机械式解读：每一项法条描述针对的就是一项罪名，这其实就大错特错了。我国刑法大量存在的是罪状而不是罪名，或者说我国刑法所作的大多数规定均是关于犯罪的描述，比如抢劫致人死亡是一种结果加重犯，其他国家和地区可能将其作为一个独立罪名，但是我国结果加重犯不是一种罪名，仍然要定抢劫罪。而所谓罪名，在我国主要是最高人民法院联合最高人民检察院为了办案的方便，把一些类型化的、刑法所列的罪状按照罪名加以梳理归类，如罗列这几类行为定故意杀人罪而那几类行为应定抢劫罪等。因此民事诉讼法所做出的这些描述，仅仅是描述一种犯罪的具体形态，具体确定哪种罪名那是刑法的问题，《民事诉讼法》上述三条描述的情形与具体罪名完全无关，刑法的规定完全可以涵盖民事诉讼法的规定，并且上述行为如果涉嫌犯罪需要特定机关追究有关人员刑事责任的话，刑事审判机关也完全不会看民事诉讼法是怎么规定这类犯罪的，民事诉讼法学者认为刑法会准用民事诉讼法规定追究犯罪不过是民事诉讼法学者的“单相思”而已。因此如果行为人有上述三法条规定的各种情形出现需要追究刑事责任，直接准用刑事诉讼法、刑法规定即可。这也就不难理解，其他国家和地区妨害民事诉讼行为如果构成犯罪，需要追究刑事责任立法用语采用的是“准用刑法（或者刑事诉讼法）的规定”即可，笔者主张我国未来民事诉讼强制措施修订过程中对这种立法表述予以采纳。

虽然上述妨害民事诉讼的行为有些已涉嫌触犯刑法，但何以仍规定于民事诉讼中，依1982年《民事诉讼法（试行）》立法草案说明：自1982年3月试行以来，在我国人民法院审理民事诉讼纠纷案件的具体过程之中，有的案件诉讼当事人拒不到庭，有的当事人具有伪造、毁灭证据案件的行为，有的诉讼当事人将已被人民法院查封、扣押的财产予以非法转移，有的诉讼参与人甚至聚众冲击、哄闹人民法庭，最终阻碍了法院司法工作人员执行司法诉讼职务的行为等，使得我国人民法院的审判与执行工作不能顺利进行。国家为了维护诉讼过程中人民法院的尊严和民事诉讼的司法秩序，制止民事诉讼过程中发生的妨害民事诉讼的行为，保障整个民事案件审判工作的顺利进行，对于具有诉讼过程中的妨害民事诉讼的行为，赋予人民法院采取相应的民事诉讼强制措施的权力，针对存在的问题，新民事诉讼法采取了本章的各种强制措施。可知刑法处罚对于正在进行妨害民事诉讼行为之行为人是行为后之处罚，但是因为诉讼正在进行之中，因此对于诉讼秩序和法庭尊严之维护无立即明确的效用，从这个意义上，追究刑事责任的民事诉讼强制措施只须作出“准用刑法（或者刑事诉讼法）的规定”即可。

6.4 民事诉讼强制措施司法解释修订的评价

2015年2月4日起施行的《民事诉讼法司法解释》关于进一步完善法庭纪律的规定是其主要内容之一，其中关涉30个左右的条文。

通过对于自2015年《民事诉讼法司法解释》的梳理不难发现，就妨害民事诉讼强制措施部分的修订，表现为三种类型：新增类、细化类、废止类。本次司法解释就妨害民事诉讼强制措施部分的修订内容具有如下几个特征：

（一）加强了民事诉讼强制措施与民事诉讼其他制度之间的衔接

本次司法解释加强了民事诉讼强制措施与民事诉讼其他制度之间的衔接，这一特征主要表现在第102条（当事人在诉讼过程中因为故意或者重大过失而造成逾期提供证据的时候，法院特定情形下可以采纳，但是人民法院可以对其予以训诫、罚款）；第110条（询问当事人的时候人民法院可以要求诉讼中的当事人签署真实陈述的保证书，如当事人具有虚假陈述的时候人民法院可以处以相应的处罚）；第113条（书证持有一方的诉讼当事人如果具有妨害作证的行为，最终导致书证在民事诉讼过程中不能予以使用的，人民法院可以针对书证持有人适用民事诉讼强制措施处以相应的罚款或者拘留)；第119条（询问证人的时候人民法院可以要求证人签署真实陈述的保证书，如证人作证时候具有虚假陈述的情形则人民法院可以处证人以处罚)；第190条加强了民事诉讼强制措施与第三人撤销之诉、虚假诉讼、恶意诉讼制度之间的衔接。

从民事诉讼法理角度，既然民事诉讼强制措施是一项保障性制度，以民事诉讼强制措施的规范为基本出发点，为了实现民事诉讼强制措施保障诉讼活动顺利进行的目的，最终促进民事司法公正和效率价值的实现，应当强化民事诉讼强制措施与相关民事诉讼制度之间的关系，增强彼此之间的协调性。但是就《民事诉讼法司法解释》第119条的客观效果而言，笔者认为有可能会与司法解释本身欲达到的效果相违背。证人出庭签署保证书，是否会导致民事诉讼案件中大面积的证人拒绝出庭现象的出现，这是司法解释实施后有待检验的一个问题。

（二）扩大了某些强制措施的适用范围

《民事诉讼法司法解释》第174条将拘传的对象由必须到庭的被告扩展到必须到庭的原告。民事诉讼强制措施中的拘传制度，是极具中国特色的一项制度。其历史的沿革脉络、反映的程序机理、其他国家和地区类似制度的比对等基本理论问题，伴随着当下诉讼程序理念的更新，尤其是程序保障观理论研究的日渐深入，都有进一步研究的必要。

（三）明确了民事诉讼强制措施适用的具体程序

《民事诉讼法司法解释》第177条规定了训诫和责令退出法庭的适用程序；第180条规定了拘留后的程序问题，这也是民事诉讼强制措施中对于被采取民事诉讼强制措施者加强程序保障的重要举措；第 185 条基于效率价值的追求，明确了民事诉讼强制措施中针对罚款、拘留的决定当事人要求复议的，则当事人必须在法定的期限之内予以提出。立法上明确了民事诉讼强制措施适用的具体程序，就可以最大化地避免民事诉讼强制措施适用的随意性，限制法官在民事诉讼强制措施运用中过大的自由裁量权。

（四）强制措施司法解释带有司法政策性

当下我们在诉讼中面临的一大困境就是强制执行难，该次司法解释就民事诉讼强制措施的修订方面，也努力着眼于解决我国法院执行难这一问题，主要体现在《民事诉讼法司法解释》第 187 条增加规定了《民事诉讼法》第 111 条第 1 款第 5 项规定的以暴力、胁迫或者在诉讼过程中利用其他方法妨害司法工作人员执行司法职务的行为的具体认定情形；《民事诉讼法司法解释》第 188 条对于《民事诉讼法》第 111 条第 1 款第 6 项规定的拒不履行人民法院已经发生法律效力的判决、裁定的具体外在行为表现方式作了列举式的规定。对于民事执行难中的协助执行难问题，本次司法解释也做出了回应，表现为第 192 条，具体列举了哪些行为属于拒绝协助执行可以适用民事诉讼强制措施的范围。

该次《民事诉讼法司法解释》针对执行问题的细化规定，典型体现了我国民事诉讼强制措施“政策回应型”特征，民事司法是国家运用公权力在民事纠纷私权利领域的具体运用，民事司法活动在现实的运行过程中绝不仅仅是将纸面上的法律规范简单应用于社会实践，司法的具体实践活动绝对离不开当时当地的社会环境和政治、经济发展水平与阶段，在一个法治发达的社会中，司法的功能绝不仅仅局限于纠纷的解决，同时司法结果一定会有“衍生品”，这种“衍生品”的体现就是本次《民事诉讼法司法解释》对于当下我国司法政策（如举全社会之力破解执行难）的积极回应。

（五）废除了某些不合诉讼法理的制度

主要表现为对1992年《民事诉讼法司法解释》第125、126、127条关于妨害民事诉讼秩序行为性质严重，如果相应的行为已经构成刑事犯罪的话，如何追究刑事犯罪的司法解释予以废除，严格区分民事诉讼强制措施中的民事违法与刑事责任承担问题。对于在妨害民事诉讼秩序的行为已经构成刑事犯罪的情况下，需要按照刑事诉讼法的规定追究有关人员的刑事责任的时候，从民事诉讼强制措施中予以剔除，不再归属于民事诉讼强制措施的范畴，避免了立法对于同一问题的重复。

6.5 我国引入藐视法庭罪的探讨

在英美法系国家的司法制度中，极少有一项法律制度会像藐视法庭罪那样更有可能被滥用，概因藐视法庭罪的受害人、追诉人、审判者三个完全不同的角色可以完全集中在一个人身上，这个人就是主持庭审的法官。[1]观察该制度的架构，藐视法庭罪几乎赋予了主持庭审的法官不受限制的权力，法官可以对于其认为有藐视法庭行为的案件当事人、代理人甚至是陪审员处以罚金或者判处监禁，这种权力已经超越了一般意义上英美法系所尊崇的权力制约机制，因此藐视法庭罪必然成为诉讼秩序维护方面具有理论与司法实务意义的课题。

---

〔1〕 See Margaret Meriwether Cordray, “Contempt Sanctions and the Excessive Fines Clause”, 76 *N. C. L. Rev.* 407, 1998, p. 409.

6.5.1 藐视法庭罪的源起

从英美法系国家设立藐视法庭罪的初衷角度考察，其出发点是平衡新闻自由与司法独立两者之间的价值冲突，防止新闻媒体的报道妨害司法公正。关于藐视法庭罪的立法形态归纳起来主要有判例法与成文法两种基本模式。将藐视法庭行为明确纳入法律调整范畴予以规制和调整可以追溯至12世纪的英国普通法时代〔1〕。英国最早在1631年就有了关于藐视法庭行为的判例，经过漫长的发展，以1981年英国制定的《藐视法庭法》的出台为标志，英美法系对于藐视法庭行为司法规制成文法时代来临。英美法系国家藐视法庭罪针对的具体行为大体包括：诉讼中证人、司法鉴定人拒绝出庭作证的行为；诉讼中陪审人员具有不检点的行为；诉讼中的律师具有相应的失职行为（如律师无正当理由未按其书面承诺出庭）；对诉讼审理案件的法庭、法官、证人、律师、诉讼当事人等参加法庭诉讼的人员具有相应的侮辱和伤害行为；新闻媒体对于正在审理的案件具有不适当的报道和评价的行为。更抽象地说，英美法系将藐视法庭罪分为两类：民事藐视法庭罪与刑事藐视法庭罪，民事藐视法庭罪仅仅指的是由于有关主体不服从法庭在民事诉讼中所下达的特定命令而被认为冒犯了法庭、妨害了民事司法程序的进行；而刑事藐视法庭罪则是指有关人员实施了除了民事藐视法庭行为之外的其他具有扰乱法庭诉讼秩序、或者具有侮辱审理案件的法官、或者非法披露陪审团在诉讼事实认定过程中有关诉讼材料等具体的干扰法庭诉讼秩序的行为。上述两种藐视法庭罪的主要区别在于外延不同：民事藐视法庭罪仅仅适用于特

〔1〕 See C. J. Miller, “Contempt Of Court”, Law Quarterly Review, 2000.

定主体不遵守法庭命令；但是刑事藐视法庭罪适用的外延更加宽泛，具体包括诉讼主体不遵守法庭命令、有扰乱法庭诉讼秩序、侮辱案件审判法官、特定主体具有不适当披露报道案件进程和细节等行为。〔1〕

从类型化角度进行分析，我们民事诉讼中妨害民事诉讼秩序的行为可以概括为如下几类：未有正当理由必须到庭当事人拒绝出庭的行为、诉讼开庭过程中不遵守法庭规则和秩序的行为，侮辱侵害司法人员行为，妨害作证行为，拒不履行法院生效判决、裁定的行为。

我们民事诉讼中规定的扰乱法庭秩序行为与英美法系国家的藐视法庭行为的区别主要存在于如下几个方面：英美法系国家实施藐视法庭行为的主体范围显然更加宽泛，不仅包括民事诉讼中的双方当事人、案件的旁听人员、甚至包括庭外人员、新闻媒体报道人员，同时参与案件的律师、陪审员有违反职业道德、不检点行为时候也可以予以适用。而我国民事诉讼中关于扰乱法庭秩序的行为人主要针对的是民事诉讼程序的参与人及其旁听人员。对于英美法系国家藐视法庭的行为，规定凡是上述主体有不遵守法庭特定命令的行为均会被视作民事藐视法庭的行为，而在我国民事诉讼中扰乱诉讼秩序行为，对于此类妨害民事诉讼秩序的行为的外延有所限制。在侮辱妨害型针对的侵害对象方面，英美法系国家的藐视法庭行为，针对的是只要有侵害与民事诉讼活动相关的主体的行为均视为藐视法庭，适用的主体包括诉讼案件中的法官、诉讼当事人、证人、陪审员等。我国民事诉讼中扰乱法庭秩序的行为侵害的对象则指向的是司法工作人员、诉讼参与人。在侮辱侵害这类妨害诉讼秩

〔1〕 See C. J. Miller, “Contempt Of Court”, Law Quarterly Review, 2000.

序类型方面，奉行藐视法庭罪的国家，基本是以该行为是否对于司法审判活动已经形成了实质性的损害或该行为是否具有损害司法审判行为的风险作为认定藐视法庭罪的标准，但是对于具体的侵害方式上立法或者判例并没有特定化的标准。

6.5.2 民事藐视法庭罪是不是一种“罪”

正如上文所言，藐视法庭罪在英美法系国家有两种分类，其一为民事藐视法庭罪，其二为刑事藐视法庭罪。民事藐视法庭罪所秉承的基本理念是：一个民事案件主审的法官，可以判处任何一个不服从法院命令的人监禁或者罚金，这种人员的范围非常广泛，包括案件当事人、陪审员、律师等。而刑事藐视法庭罪设置的目的在于惩罚不遵守法庭秩序的人，原因在于刑事藐视法庭罪的适用对象没有遵守必要的法庭秩序，这些违反法庭秩序的行为包括但是不限于有侮辱法官、非法披露陪审团有关诉讼材料等具体的干扰法庭诉讼秩序的行为。但与刑事藐视法庭罪不同的是，民事藐视法庭罪只发生于民事诉讼领域，且发生的原因在于民事藐视法庭罪者不服从法院发布的命令，比如未遵守按期开庭的指定期间，因此民事藐视法庭罪在于强制当事人服从法院的各种命令。因此因民事藐视法庭罪而被判处监禁的人，如果他（她）放弃了对于法院命令的抵抗，自愿服从了法院的命令，则会被立即释放，原因在于民事藐视法庭罪强制当事人服从的目的已经达到了。〔1〕从只要民事藐视法庭罪的被判处者自愿放弃了对于法院命令的抵抗则民事藐视法庭罪即刻消失这个角度而言，民事藐视法庭罪的被判处者是可以

〔1〕 See Linda S. Beres, “Civil Contempt and the Rational Contemnor”, 69 *IND. L. J.* 723, 1994, p. 723.

掌握自己的命运的，而法院运用民事藐视法庭罪的目的恰恰在于强制当事人放弃对于法院命令的抗拒，使得民事诉讼程序得以顺利进行。

但是我们也应该清楚地看到，在奉行藐视法庭罪的国家，民事诉讼中发生的藐视法庭的行为并不等于就会被判处民事藐视法庭罪，换言之，民事藐视法庭罪与刑事藐视法庭罪区别不在于藐视法庭行为发生在民事诉讼还是刑事诉讼之中，当然认可民事藐视法庭罪只能发生于民事诉讼程序之中，二者主要区别在于二者在诉讼过程适用的具体情形不同。如上文笔者所阐述的那样，民事藐视法庭罪适用于民事诉讼过程中有关诉讼主体不服从法院各种命令的行为，而刑事藐视法庭罪既可以发生在民事诉讼领域，也可以发生在刑事诉讼领域，其适用的具体情形是有关的主体在诉讼过程中没有遵守必要的法庭秩序，这些违反法庭秩序的行为包括但是不限于有侮辱法官、非法披露陪审团有关诉讼材料等具体的干扰法庭诉讼秩序的行为，刑事藐视法庭罪在于惩罚不遵守法庭秩序的人的行为。

综上所述，民事藐视法庭罪并不能简单地理解成是一种“罪”，民事诉讼中藐视法庭的行为具有二重性质：针对违反法庭命令的人（不限于当事人，也可以包括律师和陪审员），主审案件的法官为了达到使其服从法庭命令的目的，会采取民事藐视法庭罪强制有关主体放弃对于法庭命令的反抗，进而当这些反抗者放弃对于法庭命令的反抗时，法庭强制的目的达到，判处监禁即刻解除；但是如果上述主体违反了法庭审判秩序，或者对于审判人员有侮辱或者伤害行为的，则法庭会判处相应主体刑事藐视法庭罪，这种罪是惩罚性质的，主要是因为行为主体侵害了诉讼秩序，危害到了诉讼程序的纯洁性和尊严。

6.5.3 藐视法庭罪在我国的争论

主张在我国引入藐视法庭罪的支持者，主要论据概括起来有如下两个角度：

第一，如果引入藐视法庭罪，则诉讼中可以更好地维护整个诉讼秩序，树立审理案件的司法机关的权威。[1]作为审判机关的法院是定纷止争、解决民事争议的重要场所，维护民事诉讼秩序、树立司法机关的权威是司法机关发挥其拥有的审判职能，解决民事争议，最终达到维护社会秩序的重要制度性保障。扰乱诉讼秩序的行为是对法院尊严和权威的直接损害，在目前社会状况下，增设藐视法庭罪可以有效打击针对扰乱诉讼秩序的各种行为，是维护诉讼秩序的纯洁性、树立司法权威的重要路径选择。

第二，针对规范和调整藐视法庭的行为，现行的立法以及相应的司法解释存在诸多不足，如果在民事诉讼领域中引入藐视法庭罪，则可以完善民事诉讼立法和司法解释中对于有关主体扰乱诉讼秩序罪行为的规定。但是通过对现行关于妨害诉讼秩序的法条考察不难发现，这些规定集中于民事诉讼法及其司法解释、刑法和刑法适用的司法解释以及法院诉讼规则之中，但上述规定的条文一般而言均较为简单、操作性不强，并且上述关于诉讼秩序违反的规定多采取概括列举式的方法，法条仅仅是笼统地说明诉讼过程中有关主体实施了扰乱和妨害诉讼秩序的行为。[2]但在面对现实问题时，作为司法机关的法院面临

---

〔1〕 参见胡康宁："设立藐视法庭罪的几个问题"，载《云南法学》1995年第3期；曹萌、群言："小案件折射出司法大问题——对河南法官建议全国人大设立'藐视法庭罪'的调查"，载《中国审判》2010年第5期。

〔2〕 参见刘国利："引入藐视法庭惩罚制度的可行性"，载《内蒙古民族大学学报（社会科学版）》2007年第5期。

的扰乱诉讼秩序的具体行为可以说花样繁多，比如著名的“操”字案、法庭上的当庭自杀行为，能不能适用妨害民事诉讼的强制措施，以及如何实施？现行立法及司法解释是无法完全适应花样百出的扰乱诉讼秩序行为的，立法滞后导致的必然结果是：诸多对于民事诉讼秩序行为造成妨害与扰乱的行为，并不能得到及时有效地处理与制裁。因此引入藐视法庭罪对于规制和调整妨害诉讼秩序的行为，具有现实的需要性。

6.5.4 我国不宜引入藐视法庭罪

笔者反对在我国民事诉讼中引入藐视法庭罪，主要是基于下述理由的考量：

我国目前法律制度（含司法解释）足以应对损害司法尊严、破坏诉讼秩序的行为。现有民事诉讼法中，对于扰乱法庭秩序、损害司法尊严的一般违法行为作了列举式规定，同时2014年年底通过的《民事诉讼法司法解释》也用了将近30个法条对民事诉讼程序中有关妨害诉讼秩序行为进行了规定。另外，目前刑法中也针对妨害诉讼秩序的行为设有专门罪名，具体包括：扰乱法庭秩序罪，妨碍公务罪，拒不执行判决、裁定罪等，对有关主体严重扰乱诉讼、执行秩序的妨害行为加以规范和调整。此外，我国亦于1994年实施了《中华人民共和国人民法院法庭规则》，其主要对于违背法庭命令、破坏法庭秩序的具体行为做了具体明确的惩戒性规定。综上所言，笔者反对在我国超前引入民事藐视法庭罪，现行民事、刑事立法以及司法解释等，足以全面规范和调整有关主体扰乱法庭秩序、破坏司法权威与尊严的具体行为，强行借鉴引入藐视法庭罪，实属制度的重合。

6.6 本章小结

纵观世界各国和地区，我国民事诉讼强制措施专章式立法例是较为特殊的，基于历史的惯性和传统的沿袭，笔者主张我国民事诉讼强制措施此种立法体例应当予以保持，但应该充分注意民事诉讼强制措施与其他民事诉讼制度之间的衔接与呼应。我国妨害民事诉讼秩序违法行为立法及司法解释所列举的外在表现形式要远远宽泛于一般国家和地区的规定，因此应该更加注重民事诉讼强制措施的体系化建构。2015 年《民事诉讼法司法解释》对于民事诉讼强制措施的修正总体具有较大的进步性，但是同时应该看到，伴随新司法解释的实施，可能会出现一些新形态的问题（如针对证人出庭作证的具结制度），这种问题与司法解释本身设计该制度的目的可能完全背离。民事诉讼强制措施具体制度在重构和设置的时候，应该更加注重民事诉讼强制措施所追求价值的内在冲突与价值彼此间的平衡。

第7章

我国民事拘传制度的反思与重构

我国民事诉讼法所规定的强制措施中的民事诉讼拘传制度，是非常具有中国色彩的一种制度。该制度的历史沿革脉络、所反映的程序机理、民事诉讼拘传制度与其他国家和地区类似制度的比对等民事诉讼法学中诸多基本性理论问题，伴随当下民事诉讼程序理念保障观的不断更新，尤其是民事诉讼程序保障观的日渐深入人心，都决定了民事拘传有进一步研究的必要性和迫切性。民事拘传制度立法的目的应定位在民事诉讼程序保障方面，但是当前民事诉讼法上的拘传制度与这一立法价值目标之间存在较大的差异。

7.1 民事拘传制度设置的应然理念：程序保障

我国现行立法所规定的《民事诉讼法》第十章用了一个专章来具体规定民事诉讼中的“对妨害民事诉讼的强制措施”，其中该章第109条所规定的内容即为民事拘传制度。在我国，关于民事诉讼之中的强制措施的性质，理论界主要有如下几种具有代表性的学说：保障措施说[1]；处罚说[2]；制裁说[3]；强制

〔1〕 参见王怀安主编，全国法院干部业余法律大学民事诉讼法教研组编写编：《中国民事诉讼法教程》（新编本），人民法院出版社1992年版，第204页。

〔2〕 参见王锡三：《民事诉讼法研究》，重庆大学出版社1996年版，第298页。

〔3〕 参见常怡主编：《民事诉讼法学》，中国政法大学出版社2008年版，第251页。

教育手段说[1]；司法强制手段说[2]；具体分析说[3]。

诚如前文第三章“民事诉讼强制措施的性质”所阐明的，在上述诸多学说中，笔者赞同民事诉讼强制措施的性质应定位于诉讼程序保障。在现在的民事诉讼立法目的论上，民事诉讼程序保障理念也越来越受到司法和民事诉讼理论部门的重视，[4]民事诉讼注重保护民事诉讼当事人的合法合理的诉讼权利，说明民事诉讼当事人是民事诉讼程序的活动主体，在这种民事诉讼程序保障目的观念的指导之下所设立的民事诉讼拘传制度，其针对的对象理所当然不应该是诉讼案件中的当事人。

7.2 民事拘传的历史沿革及现有立法

7.2.1 清末到民国：拘传制度的规范化

民事诉讼中的拘提（拘传）制度，我国古已有之。在清朝，“拘提是司法机关采取的发票拘拿当事人或者证人到堂应讯的强制措施。票，又称差票、火票，上有州签押画行和印信，票发出之时有票稿存根，差毕回缴注销”，[5]甚至还有原告自拘法：“原告自拘，抗违拿究”，即原告要求证人出庭之意，且具有强

---

〔1〕参见柴发邦等撰：《民事诉讼法学新编》，法律出版社1992年版，第267页。

〔2〕参见张卫平：《民事诉讼法》，法律出版社2013年版，第269页。

〔3〕参见江伟主编：《民事诉讼法》，中国人民大学出版社2000年版，第185页。

〔4〕参见全国人大常委会法制工作委员会民法室编：《民事诉讼法立法背景与观点全集》，法律出版社2012年版，第2页。

〔5〕张德美：《从公堂走向法庭：清末民初诉讼制度改革研究》，中国政法大学出版社2009年版，第78页。

制力，否则要承担“抗违之罪”。[1]可见这一时期的拘传制度存在任意性和非规范化，但是拘传可以针对当事人，这可以说是我国现有拘传制度的特点的雏形。

“清末民初诉讼制度改革的一项重要内容，就是使强制措施系统化、程序化”。[2]这一时期伴随着《大清刑事民事诉讼法（草案）》的制定，民刑事案件的审理程序已经出现了明确的区分。清末的拘提制度主要针对的是刑事案件中的被告。及至北洋时期，拘提制度的程序得到进一步的完善，其中北洋时期《刑事诉讼条例》第四章“被告的传唤与拘提”第50条规定：“被告有下列情形之一者，得不经传唤迳行拘提……”。[3]从上文可以看出，清末到民国强制措施中的拘提针对的主体和对象特定，即被告；但是随着清末修律时现代法制体系的引入，拘提主要是针对刑事诉讼中的被告，这是因为在刑事诉讼中采国家追诉主义，在一定意义上而言，被追诉者并不是诉讼的主体，而沦为诉讼的客体。但是民诉原理与国家追诉的刑诉原理天差地别，因此主观地认为拘提当然适用于民事诉讼的当事人是对于我国法制发展历史的一种重大误解。

7.2.2 现行立法：从1982年到2015年

民事拘传是我国1982年《民事诉讼法（试行）》对妨害民事诉讼的行为规定的五种强制措施之一，是一种较严厉的民事

---

〔1〕 具体内容参见张德美：《从公堂走向法庭：清末民初诉讼制度改革研究》，中国政法大学出版社2009年版，第79页。

〔2〕 张德美：《从公堂走向法庭：清末民初诉讼制度改革研究》，中国政法大学出版社2009年版，第87页。

〔3〕 张德美：《从公堂走向法庭：清末民初诉讼制度改革研究》，中国政法大学出版社2009年版，第93页。

诉讼强制措施，适用时必须严格遵守法律规定的条件和程序。1982 年《民事诉讼法（试行）》还进一步规范了民事拘传的程序：拘传需要报请人民法院院长批准的程序；拘传必须交付法院中的司法警察执行的程序。

我国 1991 年《民事诉讼法》关于拘传之规定，基本全部沿袭了 1982 年《民事诉讼法（试行）》的规定，虽然经历 2007 年、2012 年两次较大修改，但是拘传制度并没有变化。现行《民事诉讼法》第 109 条及 1992 年《最高人民法院关于适用〈中华人民共和国民事诉讼法〉若干问题的意见》（以下简称《民诉意见》）第 112 条、第 113 条规定了民事诉讼强制措施的适用条件。

2015 年实施的《民事诉讼法司法解释》中，将拘传的对象扩展到原告和法定代理人，具体的体现在《民事诉讼法司法解释》第 174 条和第 235 条。现行《民事诉讼法》第 116 条规定了民事诉讼强制措施的适用及救济。

以上分析不难看出，现行民事拘传这一强制措施有如下几个特点：第一，民事拘传是民事诉讼法中独立运作的程序，其规定具有确定性，而非德、日、韩以及我国台湾地区立法模式，这些国家和地区关于民事拘传的具体运作程序，采准用性立法规范，民事拘传准用刑事诉讼法关于拘传的有关规定，而刑诉多关涉人身自由，因此刑诉中程序性保障之于民诉程序制度而言，对于被拘传者保障更为有力；第二，适用对象为特定案件的当事人及当事人的法定代理人（特定与否的判断标准在于其不到庭是否可以查清案件事实），不包括证人和鉴定人；第三，拘传是法院依职权所采取的单向强制性行为，并不以对方当事人申请和双方当事人的诉辩为适用前提，亦不需要受到检察院令状主义的制约；第四，拘传与其他民事诉讼强制措施适用并无关联性，罚款不是拘传适用的前置性条件，亦即特定案件的当事人及其法定代理人不到庭不是对其先进行罚款，罚款后仍不到庭才对其拘传，而是特定案件的当事人及当事人的法定代理人不到庭法院可以直接拘传；第五，拘传适用的裁判文书并未明确化，仅仅表述为“传票”，传票是决定书还是裁定书语焉不详；第六，对于拘传的救济方式立法没有做出明确界定（《民事诉讼法》第 116 条第 3 款只是规定：对于民事诉讼强制措施中的罚款和民事拘留采用决定，对于采取决定文书的民事强制措施可以向作出决定的上级法院复议）；第七，特定案件的当事人及其法定代理人在被采取强制拘传的时候，由于不存在任何救济性措施，因此不存在停止执行拘传的问题。

7.3 我国现有民事拘传制度的实然追求

7.3.1 事实探知的绝对化

诉讼证明的过程是事实认定者对于案件事实进行认知的一个过程，诉讼证明的过程是一种要受到特定的时间和空间限制的司法活动，这种特殊的司法活动要受民事诉讼法律程序和民事诉讼证据规则等的制约，这就决定了在民事诉讼过程中，很多情况下民事诉讼案件事实的证明结果是无法完全与发生时候的案件客观事实完全或者接近完全一致的程度的，民事司法诉讼证明活动是一种具有相对性的活动。[1]我国现行《民事诉讼

〔1〕 参见江伟主编：《民事诉讼法学》，北京大学出版社 2012 年版，第 193 页。

法》第7条规定的这种"查清事实"观念导致司法实践中错误的理解和执行：裁判的作出必须在查清事实、分清是非的基础上进行，甚至诉讼中的调解坚持的三原则之一竟然也是"查清事实、分清是非"，这样的理念导致的必然结果就是：法院基于查清事实之需要无限介入民事诉讼的事实认定。

7.3.2 证据裁判原则的虚置

对民事诉讼中的当事人可以进行拘传并将拘传规定于民事诉讼强制措施的立法之中，是具有中国特色的一项司法制度。而拘传的前提是被拘传者"不到庭，不能查清案件事实"，这也就意味着裁判的确立，必须建立在事实查清的基础上，换言之，这也就意味着我国民事诉讼中证明责任裁判法理的缺失，或者是虚置。〔1〕当事人未有正当理由不到庭是懈怠行使诉讼权利的行为，从比较法的视域考察，原告不到庭按照撤诉处理；而对于被告无正当理由拒不到庭，主要有以下几种典型性立法例：《法国民事诉讼》第471、472、473、474条规定了被告不出庭的具体适用方式〔2〕，即一般情形之下的缺席判决制度；根据《美国联邦民事诉讼规则》第55条第1款规定以及该条第2款规定，〔3〕学理上将其概括为"不应诉判决"，这种判决对于不应诉方而言具有一定的惩罚性。《英国民事诉讼法》第12章专门规定了被告缺席情形下的判决，做法与美国类似，即法院支

---

〔1〕 宋朝武主编：《民事诉讼法学》，中国政法大学出版社2008年版，第265页。

〔2〕《法国新民事诉讼法典》（上册），罗结珍译，法律出版社2008年版，第483~486页。

〔3〕 参见《美国联邦民事诉讼规则证据规则》，白绿铉、卞建林译，中国法制出版社2001年版，第95页。

持原告的诉请，判令缺席方败诉。[1]韩国“自2008年12月26日通过民诉法的修改后，诉讼程序的中心由辩论准备程序改为辩论期日”，在辩论期日被告不出庭，法院可直接作出“无辩论判决”，判决原告胜诉，但基于“对审原则（公平审判原则）”，当事人因“不归己的事由未出庭辩论或因诉讼代理人未出庭辩论而引致败诉的，……法律允许当事人通过上诉或再审获得救济”。[2]

通过考察，原告不到庭按照撤诉处理，而对于被告缺席可对被告作出缺席裁判是各个国家和地区的通识，只是被告缺席后再根据被告缺席是否有正当理由而决定是否赋予缺席方以上诉权或者再审诉权即可，完全没有必要在民事诉讼活动之中对于原告和被告实施拘传。

7.3.3“实事求是”意识形态的反映

实事求是是客观唯物主义的基本要求，但如果诉讼中泛哲学化，以哲学理念直接指导民事诉讼立法与实践，要求个案必须查清事实则是错误的。应该注意哲学与法律是两套话语体系，法律制度考虑成本，讲究个案的衡平，而哲学具有高度抽象性，抽象化容易导致不区分具体情况的“一刀切”，这种“一刀切”主要体现为诉讼中不区分案件情况，笼统的要求就是“查清事实，分清是非”，这也是现行民事诉讼法追求的目的之一。但是查清事实并未作为我国民诉法的一项基本原则，因为“查清事

---

〔1〕法条参见《英国民事诉讼规则》，徐昕译，中国法制出版社2001年版，第54~61页；徐昕：《英国民事诉讼与民事司法改革》，中国政法大学出版社2002年版，第146~147页。

〔2〕［韩］孙汉琦：《韩国民事诉讼法导论》，陈刚、陶建国、朴明姬译，中国法制出版社2010年版，第163页。

实”仅仅是意识形态的要求，或者说是一种政治性要求，意识形态决定了民事诉讼具体制度的建构。[1]。

高度抽象意识形态下建构具体法律制度，这种建构过程本身就是错误的，因为只有商业和社会发展才最终决定了法律制度的建构。在法律制度的建构与进化的争论中，哈耶克给了我们清晰的答案：法律制度的建构是自然而然的，法律不应该完全反映意识形态，或者说法律的意识形态化较淡，法律并不反映某种唯一的意识形态。[2]

7.4 民事拘传制度的比对

法国不存在民事拘传这样的强制措施，对不出庭的证人主要采用罚款的方式予以惩戒，具体体现为《法国民事诉讼法》第207条第2款的规定[3]；英美法系两大代表性国家英国和美国也没有拘传制度，代之以藐视法庭罪来对证人无理由拒不出庭以威慑。[4]《美国联邦民事诉讼规则》第45条第5款规定了藐视法庭罪，该条的要旨是：任何人没有足够的理由而未遵守已接收到了的受送达法院的传票的话（拒绝参与庭审活动），则诉讼中该当事人可以被视作为对于发出传票的受诉案件法院的

---

〔1〕 参见张卫平：《转换的逻辑：民事诉讼体制转型分析》，法律出版社2007年版，第178页。

〔2〕 参见［英］弗里德里希·冯·哈耶克：《法律、立法与自由》（第一卷），邓正来等译，中国大百科全书出版社2000年版，第4~5页。

〔3〕 参见《法国新民事诉讼法典》（上册），罗结珍译，法律出版社2008年版，第307页。

〔4〕 参见齐树洁主编：《英国证据法》，厦门大学出版社2002年版，第250页。

一种司法上的藐视。[1]与我们存在类似拘传制度的代表性国家和地区主要是德国、日本、韩国、俄罗斯以及我国的台湾地区。

7.4.1 德国[2]

德国民事诉讼中的拘传有五个特点：第一，针对对象是证人和鉴定人；第二，拘传采用的文书为裁定书；第三，对于证人或者鉴定人的不到庭处罚，罚款、拘留是拘传的前置程序，只有经过罚款仍然拒绝到庭，始得以适用拘传；第四，民事拘传具体适用程序，准用刑事诉讼法关于拘传之规定；第五，对于拘传的裁定，允许提出具有延缓效力的抗告。

7.4.2 日本

《日本民事诉讼法》第190条规定，对于服从于日本诉讼法上裁判权的人有出庭作证的法律上的义务。《日本民事诉讼法》第216条规定了鉴定的方式，原则上准用证人询问的方法，鉴定义务和作证义务属于公法上的一般性义务，具体而言包括出庭、宣誓、陈述意见（报告鉴定意见）的义务。在收到法庭传唤而非因正当理由拒绝出庭的时候，准用证人询问的规定，即可以罚款和刑事制裁，但并不准用拘传的规定（《日本民事诉讼法》第194条），[3]原因在于日本民事诉讼法中鉴定人不同于证人，鉴定人为证据方法之报告者，是裁判官即法官的助手，而

---

〔1〕 参见《美国联邦民事诉讼规则证据规则》，白绿铉、卞建林译，中国法制出版社2001年版，第85页。

〔2〕 法条参见德国贝克出版社编：《德意志联邦共和国民事诉讼法》，谢怀栻译，中国法制出版社2001年版。

〔3〕 参见［日］高桥宏志：《重点讲义民事诉讼法》，张卫平、许可译，法律出版社2007年版，第96页。

证人为证据方法，因此证人是当事人的证人，而非国家之证人。[1]。

从上述分析可以看出，日本的拘传制度是法院依职权采取的行为，并不需要当事人申请为之；针对的对象仅适用于证人，不适用于鉴定人和当事人；对于证人的不到庭处罚，罚款是拘传的前置程序；拘传具体适用程序，准用刑诉法关于拘传的规定；对于拘传的文书允许证人抗告；提起抗告要停止原决定的执行。

7.4.3 韩国[2]

《韩国民事诉讼法》规定：受韩国审判权管辖的自然人均有作为证人的义务（第303条）。依照韩国民事诉讼法的规定，证人收到期日通知后有义务在指定期日出席指定场所。证人在指定期日不能出庭的，应当向法院申告其不能出庭的理由，不申告理由的，法院可以认定其不出庭无正当理由，并依据法律规定作出处罚。若法院实施辩论准备程序，并通过该程序完成了其他证据调查的（如书证调查等），可以在辩论期日只进行证人询问或当事人询问，并就此终结辩论。因此证人是否出席将决定着辩论能否如期结束。为了确保证人出席，在证人无正当理由不出席时，应当加强对其的处罚措施。为此，《韩国民事诉讼法》规定，证人首次无正当理由不出庭的，法院可以裁定命令证人负担本案的诉讼费用并处以500万韩元以下的罚款。此后

---

〔1〕 参见王亚新：《对抗与判定：日本民事诉讼的基本结构》，清华大学出版社2010年版，第47页。

〔2〕 本部分参见［韩］孙汉琦：《韩国民事诉讼法导论》，陈刚、陶建国、朴明姬译，中国法制出版社2010年版，第247~261页。

若证人仍不出庭作证，则可以对其实施拘留（韩国法上的拘留，是一种拘束人身方法，但不需要检察方的申请，而由法院单独决定）7天的强制措施。证人被处以拘留处罚后，根据作出此裁判的审判长的命令，由法院公务人员或法警将证人送到警察局的留置场所、教导所或拘留所。接受拘留处罚的证人在拘留期间作出证言的，法院应该立即撤回拘留裁定（《韩国民事诉讼法》第311条第2款至第9款），在证人无正当理由不出席时，法院可以根据刑事诉讼法的规定进行拘传（《韩国民事诉讼法》第312条）。

韩国民事诉讼法中亦有鉴定人之规定，《韩国民事诉讼法》第333条规定：鉴定人的主要义务有出席义务、宣誓义务、报告鉴定义务等。鉴定人若违反这些义务时，准用证人违反义务时的制裁规定。此外，《韩国民事诉讼法》规定书证这一证据形式时，有文书提出命令的规定。对于不提出文书或毁损文书的行为制裁方面，第351条规定：可以对第三人处以500万韩元以下的罚款。《韩国民事诉讼法》第366条第2款规定：第三者违反勘验义务的，可以处以200万韩元以下罚款。[1]对于讯问当事人，仅限于法官根据其他证据方法不能形成心证时，依当事人申请或依职权为之，换言之，将当事人本人作为证据方法，只是一种补充性而不是独立性的证据方法。根据《韩国民事诉讼法》第373条之规定，接受讯问的当事人宣誓后即使做虚假陈述，也不给予刑事（伪证罪）处罚，仅给予经济制裁（500万韩元以下罚款）。

通过上述分析不难看出，韩国民事诉讼中的拘传措施，适

---

〔1〕 参见［韩］孙汉琦：《韩国民事诉讼法导论》，陈刚、陶建国、朴明姬译，中国法制出版社2010年版，第247~261页。

用对象主要针对的是证人和鉴定人；对于证人或者鉴定人的不到庭处罚，罚款是拘传的前置程序；民事拘传具体适用程序准用刑诉法关于拘传的规定；采取的诉讼文书为裁定；拘传为法院依职权所做出的行为。《韩国民事诉讼法》并没有明确规定对于拘传这类裁定的救济程序。

7.4.4 俄罗斯

《俄罗斯联邦民事诉讼法典》第168条第1款与第2款规定对于证人和鉴定人如果没有正当理由不出庭的话，法院可以对于证人和鉴定人处以罚金；再次不出庭的话，可以对其进行拘传。[1]《俄罗斯联邦民事诉讼法典》中有一项别具特色的强制措施，即诉讼罚金制度。诉讼罚金与一方当事人赔偿另外一方当事人的律师援助费、律师代理费及因滥诉所遭受的损失不同，它是对违反俄罗斯民事诉讼法所规定的义务人的一种经济处罚。[2]

综合现有视野下俄罗斯关于拘传制度的特点，可以概括为如下几个方面：第一，拘传适用的对象仅限于证人，不针对当事人和鉴定人；第二，采取的诉讼文书为裁定书；第三，对于未有正当理由拒绝出庭的证人处以罚款是适用拘传的前置性条件；第四，俄罗斯民诉法法典对于拘传并没有规定救济程序。

7.4.5 我国台湾地区[3]

对证人违反证据义务的制裁，从我国台湾地区有关民事诉讼

〔1〕 参见《俄罗斯联邦民事诉讼法典》，黄道秀译，中国人民公安大学出版社2003年版，第114~115页。

〔2〕 参见张家慧：《俄罗斯民事诉讼法研究》，法律出版社2004年版，第233页。

〔3〕 我国台湾地区“民诉法”法条（2003年2月7日修正），具体参见http://www.procedurallaw.cn/gatf/xgfl/200807/t20080724_40618.html，最后访问日期：2015年4月5日。

的规定第303条的规定看，该法条共计4款，主要是规定证人违背到场义务对证人的制裁及证人对于该种制裁的救济程序。但是对于鉴定人如果没有正当理由拒绝出庭的话法院是不能拘传的。

分析我国台湾地区民事拘传（拘提）制度不难发现其有如下几个特点：拘传措施适用对象主要针对的是证人，不包括鉴定人和当事人；对于证人不到庭处罚，罚款是拘传的前置程序；拘传为（刑事）法院依职权所做出的行为；民事拘传具体适用程序，准用刑诉法关于拘传之规定；民事诉讼法中的拘传这类裁定可以采用抗告来予以救济。

7.5 我国民事拘传制度的完善

7.5.1 民事拘传针对对象应限于证人与鉴定人

在大陆法系国家和地区，基于民事诉讼法上坚持的直接言词审理原则，民事诉讼中证人出庭参与作证是一项其应当履行的公法上的义务。

对于民事诉讼中鉴定人是否可以强制出庭，具体表现为采用民事诉讼拘传的方式，其他各国家和地区的做法存在一定的差别，在日本的民事诉讼法中，对于民事诉讼的鉴定人是不可以采用民事拘传这一强制措施的，原因在于这些国家和地区对于民事诉讼中鉴定人在诉讼过程中地位的认识不同于我国。2012年民事诉讼法进行较大程度修改的时候，立法者将民事诉讼中的“鉴定结论”修订为“鉴定意见”，这一立法用语的变化非常准确地阐释了在我们现有民事诉讼体系和诉讼理念之下，民事诉讼之中的鉴定人的地位：民事诉讼中的鉴定意见是民事诉讼法所确立的八种证据形式之一，鉴定人之所以会存在，是因为人民法院为了充分保障民事诉讼的整个过程中双方当事人的合法利益得到最大化帮助，所以也就不难理解我国《民事诉讼法》第 78 条亦明确规定了在我国民事诉讼鉴定人必须负担出庭作证的义务。因此笔者主张：在我国民事拘传制度的针对对象方面，应采用德国、韩国民事诉讼的基本立法模式，对于参与到民事诉讼之中的鉴定人完全可以拘传强制其到庭。

7.5.2 明确拘传适用的裁判文书：裁定书

我国现行民事诉讼立法及司法解释对于民事诉讼中拘传应当适用的法律文书没有作出明确的规定，只是从司法解释角度规定拘传用传票。现行《民事诉讼法》第 116 条第 2 款、第 3 款规定了我国民事诉讼中的民事强制措施制度的具体适用程序及相对应的救济程序，但是从诉讼法理来说，我国民事拘传采用的传票从裁判文书类型化分析这个角度，到底属于哪一类是语焉不详的。从法解释学的角度而言，采用举重以明轻的当然解释方法，既然民事诉讼中拘留用决定书，那么逻辑上必然的结论是：只要受理案件的人民法院院长批准即可作出对于特定主体实施拘传的决定，这种民事拘传的决定并不需要人民法院再单独作出一个关于拘传说明的决定书，只是从程序上要求人民法院院长签发传票。从这个思路来理解的话，基于我国现行民事诉讼立法意图是可以将针对拘传的传票归属到民事裁判决定书这一类中的。

但民事诉讼中裁定书与决定书的本质区别到底在哪儿，目前我国民事诉讼理论研究界与司法实务部门的通说是：二者一个针对的是案件中的程序性问题，另外一个针对的是案件中的专门性问题。[1]在我国除部分决定可申请复议外，所有的决定均不能提起上诉。但是一个让人难以置信的法律规定出现了：根据 2007 年局部进行修订后的《民事诉讼法》，在我国民事诉讼中有些适用决定所解决的诉讼的事项虽然绝对不允许相应的主体提起上诉，但是某些类别的民事决定书的当事人可以向人民法院申请再审，并且检察机关针对这类决定书也可以提起抗诉，比如针对司法人员回避的决定书便是一个证明[2]，这种逻辑上十分混乱的规定，导致我们在理解和区分民事诉讼中的判决书、裁定书、决定书的时候，产生了巨大的混淆。

笔者一贯主张取消民事诉讼立法中所确立的裁定与决定二元对立的格局观，主张对于民事诉讼过程中必须出庭的证人和鉴定人可以采取拘传，这样一种立法体例也是德国、韩国以及我国台湾地区民事诉讼立法所肯定的。

7.5.3 对于拘传裁定书允许向上级人民法院要求复议

我国民事诉讼立法和司法解释之中并没有以法国和德国为代表的大陆法系国家所普遍存在的抗告审理制度，与之类似的民事诉讼法上的救济方式是复议制度。但是遗憾的是现行民事诉讼法及司法解释本身对于民事诉讼强制措施中的拘传是否可以由被拘传者向人民法院申请复议并没有做出立法上或者司法实务上的明确规定（本书其他部分对于该问题已经做出了分析和批判）。从民事诉讼比较法研究的角度来看，笔者一贯强调对于民事诉讼拘传这一类裁定书应该赋予被拘者向作出拘传决定的上级人民法院提起复议的权利，并通过司法解释的方式明确

---

〔1〕 参见江伟主编：《民事诉讼法》，高等教育出版社 2013 年版，第 368~372 页。

〔2〕 现行《民事诉讼法》第 200 条规定的申请再审的第七种情形。

复议的具体期间[1]。

7.5.4 复议期间停止拘传的执行

在赋予被拘传者可以向作出拘传决定的上级法院要求提起复议这一程序性保障权利的时候，在我国现行民事诉讼立法的思维模式之下，一个不容易为我们理解或者说不容易接受的问题出现了：既然一般认为我国民事诉讼中的拘传制度是一种短暂性的剥夺被拘传者人身自由的行为，那么被拘传者被法警拘传到庭时整个拘传决定书也就执行完毕了，那么拘传复议期间要停止拘传决定的执行该如何理解呢？

通过我们对韩国和日本两国关于拘传复议期间可以停止执行的规定进行分析不难发现这么一个基本事实：这两个国家民事拘传的程序性运作与我国不同，法院如果采取民事拘传这类措施，并不是我们通常所理解的法院对于被拘传者在送达拘传传票的时候当场使用暴力进行强制拘传，也就是说拘传与暴力当场拘传不是一回事。这些国家是在法院发出传票之后，要求被拘传者在法院指定的期日和列明的具体开庭地点来按时按期参加受诉法院的审判活动。从暴力强制拘传日到强制被拘传者到庭之间，中间有一段时间的间隔，在这一时间间隔范围之内，被拘传者随时可以提出针对拘传裁定书的抗告，而一旦被拘传者提出抗告，则整个拘传文书都要停止执行。而我国现行民事诉讼拘传制度是人民法院的法庭对于被拘传者当场使用暴力的

---

〔1〕 1993年最高人民法院对于广东省高院《关于对因妨害民事诉讼被罚款拘留的人不服决定申请复议的期间如何确定问题的批复》（1993年2月23日〈93〉法民字第7号发布）明确了罚款、拘留复议申请期间为3天；2015年《民事诉讼法司法解释》第185条对于罚款、拘留复议期间规定为3天。

方式强制其到庭进行应诉或者参与诉讼，这种做法本身已经严重混淆了民事拘留与民事强制措施中拘传的界限。

7.6 本章小结

民事诉讼程序中的当事人是整个民事诉讼程序的主体，从一定意义上而言甚至可以说民事诉讼程序是属于诉讼当事人的程序，因此诉讼当事人绝不应该是民事诉讼强制措施中拘传的对象。我国现行民事诉讼立法所确立的民事拘传制度的设置目的应回到诉讼程序保障这一原点上来：为了保障诉讼程序中事实的查明，对于诉讼中没有正当理由但却拒不到庭的证人和鉴定人，法院法警可以进行拘传；同时立法也应当赋予被拘传者程序方面的救济权，即复议权、复议期间停止民事拘传的执行。

第8章 民事诉讼罚款制度的立法完善

我国民事诉讼法中的罚款制度，对于保障民事诉讼程序得以顺利展开和推进具有极其重要的意义。但是现行民事诉讼法中的罚款制度，在罚款的裁判文书、罚款的上诉救济等诸多方面都存在问题。通过对其他国家和地区罚款制度比对性的考察，完善的路径基本是将罚款这一涉及民事诉讼强制措施特定主体重大实体和程序性利益问题的制度，建构成为一种准诉讼程序的构造。

8.1 民事诉讼罚款的立法沿革及现行规定

在我国民事诉讼法体例及内容的安排方面，罚款一直是作为民事诉讼法第一编“总则”中“对妨害民事诉讼的强制措施”这一章的重要内容之一予以规定的，自1982年《民事诉讼法法（试行）》实施以来，虽民事诉讼法几次修改但这种立法结构方式一直沿袭至今。

1982年《民事诉讼法（试行）》所规定的罚款与以后的民事诉讼法相比较而言，具有如下两个典型特色：其一是民事诉讼法规定的罚款这一强制措施适用对象仅仅是个人，没有针对单位进行罚款的规定；其二是前者明确规定了民事诉讼法罚款和拘留这两种强制措施是可以合并使用的，而在后来颁布的1991年《民事诉讼法》以及2007年和2012年的修改中，关于罚款和拘留可以合并适用这一规定均被立法所删除，这体现了我国民事诉讼强制措施的性质更加偏重于惩罚，即前述章节笔者所论述的民事诉讼强制措施的性质为“秩序罚”，但是如果允许罚款与拘留合并适用的话，则体现了“强制”这一立法目的，亦即当运用罚款这一民事诉讼强制措施不足以达到强制目的的时候，则可以采用拘留再行强制，这样运用民事诉讼强制措施好处在于体现出了我国民事诉讼强制措施运用过程中的递进性，不得不说 1991 年民事诉讼立法删除罚款和拘留可以合并适用的效果有待进一步考察。

从总体上来看，与 1982 年《民事诉讼法（试行）》相比较，1991 年颁行的《民事诉讼法》关于罚款的设定无论是在适用范围（适用对象方面）还是在罚款数额方面均有所扩张或提高，相应的，罚款这种强制措施的运用也变得更加严厉。主要变化体现在：首先 1991 年《民事诉讼法》是为凸显维护诉讼秩序的重要性，将违反法庭规则、扰乱法庭秩序的行为从 1982 年《民事诉讼法（试行）》第 77 条规定的阻碍司法工作人员执行职务的行为中剥离出来，由第 101 条专门予以规定和调整；其次，针对执行难这一问题，1991 年《民事诉讼法》专门将拒不履行生效裁判的行为增加为一类可科处罚款的妨害民事诉讼行为；针对法院诉讼中的调查取证难以及诉讼中的协助执行难等方面的问题，将有关主体拒不协助法院实施调查（不协助法院诉讼执行的行为在 1991 年增设为可以科处民事强制措施罚款的妨害民事诉讼秩序的行为）从而使得民事诉讼中罚款的适用对象从 1982 年《民事诉讼法（试行）》规定的个人扩张到单位（法人与非法人组织）；将对个人的罚款数额从 200 元以下提高至 1000 元以下，并第一次立法明确了针对单位的罚款，其罚款数额1000元以上3万元以下。

2007年我国的《民事诉讼法》部分修改后，罚款仍然作为总则第十章“对妨害民事诉讼的强制措施”内容之一，主要体现为2007年《民事诉讼法》第101~105条。这一次修改的关于罚款的内容主要体现为两个方面：首先是将被执行人拒绝报告或者虚假报告财产的情况增设为可以科处罚款的妨害民事诉讼行为（第102条第6项）；其次是大幅度提高了罚款的数额，将对个人的罚款数额从1000元以下提高到1万元以下，对单位的罚款数额从1000元以上3万元以下提高到1万元以上30万元以下。从全国人民代表大会常务委员会法制工作委员会所作的关于《民事诉讼法修正案（草案）》的说明看，做这两点修改的目的都是“强化民事诉讼执行程序中促使被执行人依法履行义务”。总体而言，针对罚款所做的两项修改，都是回应社会现实的一种政策性修改。

2012年8月3日第十一届全国人民代表大会常务委员会对1991年《民事诉讼法》进行了第二次大的全面的修改，此次修改主要有两个方面涉及罚款问题，其一是为了促使民事诉讼过程中当事人积极提供证据，防止诉讼进程的不当迟延，2012年《民事诉讼法》第65条、第112条、第113条进一步将民事诉讼过程中当事人逾期举证的行为、串通进行恶意诉讼的行为以及诉讼中有关主体恶意串通逃避执行等行为在民事诉讼法中规定为可以科处民事强制措施罚款的具体妨害民事诉讼秩序的行为；其二是进一步提高了民事诉讼强制措施中罚款的数额，将对个人的民事诉讼罚款数额从1万元以下提高到10万元以下，将对民事诉讼中单位妨害诉讼的行为的罚款数额从1万元以上30万元以下提高到5万元以上100万元以下。从修法的初衷来看，此次关于罚款尤其是罚款数额的修改，仍是针对执行实践中存在的执行难问题而进行的一种政策性回应，同样是为了加大对拒不执行行为的惩处力度，以便制裁逃避执行的行为。

2015 年实施的《民事诉讼法司法解释》，进一步细化了罚款运用的程序，主要体现为《民事诉讼法司法解释》第 193 条。2015 年作出上述关于罚款的细化规定其目的在于明确被处以罚款者的权利救济，制约罚款中法院权力行使的随意性。

8.2 我国现行民事诉讼罚款制度存在的问题

8.2.1 罚款制度存在的问题

从我国现行《民事诉讼法》第十章对妨害民事诉讼的强制措施的具体规定来看，在民事诉讼之中民事拘留和民事罚款二者的适用条件与具体的适用程序完全相同，从立法规定上来看二者区分适用是极其困难的。这就必然导致了在司法实践中，对此二者的区分交给了受理民事案件的法院（审判组织）去进行自由裁量，而法院常常依据妨害民事诉讼行为的危害程度及情节轻重去选择适用民事拘留还是民事罚款，这造成了民事强制措施罚款程序适用方面的不精细，最终导致在司法实践中罚款制度难以准确地予以适用。

从 1982 年《民事诉讼法（试行）》以来，我国民事诉讼中的罚款制度为了实现罚款运用上的“同案同判”，以及确保民事罚款中相对人对于人民法院所作出的罚款处理结果的认同，我国民事诉讼立法一直将法院的罚款决定权高度集中地交于受理实体争议问题的法院院长来行使。虽然一直以来，民事诉讼立法方面并没有出现或者使用“由法院的院长决定民事诉讼中是否采取罚款以及采取的罚款的具体额度与数额”等此类立法或者司法解释的表述用语，而是采用了另外一种表述，即罚款需要经过人民法院的“院长批准”这种模糊的淡化的术语，这样模糊立法的目的体现的是对民事强制措施中的罚款决定权主体到底是谁这一基本事实问题的回避，但在司法实践的具体运作中，民事诉讼法上的罚款需要“院长批准”这一表述最终异化为受理案件的合议庭人员提出对于具体违法行为的罚款建议（包括是否适用罚款以及适用罚款上下幅度范围或者罚款的大体数额）后，由本院院长最终拍板决定“批准本院审判组织所提出的是否适用罚款这一强制措施以及具体适用罚款的具体数额”。有学者也指出，在我国民事诉讼中是否适用罚款而进行的一系列的“建议批准程序”之中，最终从结果上看，罚款的作出在现实中需要承办实体纠纷案件的主审的法官向其所在的人民法院的院长提交一系列非正式证据法意义上的、但是对于是否适用罚款又具有决定性作用的依据，这些证据或者依据的目的在于说明被适用罚款者在民事诉讼过程中的妨害行为是真正客观存在的。并且该程序中提出罚款建议的法官负有一系列法律没有明确规定的义务，主要表现在：需要制作一定的证明违法行为存在的材料供法院院长或者上级法院存查备案，有时甚至为了方便“批准”的院长考虑是否适用罚款以及作出何种数额的罚款，审理纠纷的法官还需要就本案正在进行审理的实体争议问题发生的原因，甚至是纠纷发生的双方当事人的自然身份、具体情况向主管院长作出详细的书面或口头的说明。〔1〕上述学者认为，院长作出批准罚款决定的判断过程从本质上而言，

〔1〕 参见郭翔：“论民事诉讼中的罚款——立法预期与实践效果的背离及修正”，载《当代法学》2013年第1期。

已经带有某种裁判权行使的意味，与一般意义上裁判权行使的主要区别只是在于审批罚款的过程中被适用罚款的特定主体没有到庭、而由承办罚款适用案件的法官代其说明了而已。

8.2.2 罚款中比例原则的缺失

2012 年修改的《民事诉讼法》第 115 条规定了罚款的具体数额，相比较于 2007 年的《民事诉讼法》，提高了对单位和个人妨害民事诉讼的强制措施中罚款的金额。而 2007 年《民事诉讼法》的罚款金额分别为“1 万元人民币以下”和“1 万元人民币以上 30 万元人民币以下”，2007 年《民事诉讼法》局部修法以前则分别是“1000 元人民币以下”和“1000 元人民币以上 3 万元人民币以下”，考察更远的 1982 年《民事诉讼法（试行）》规定的罚款金额更是仅为 200 元人民币以下，并且个人和单位在罚款数额的立法对待方面不存在差别。从罚款金额的历史演进来看，从最初不区分单位与个人的“一体适用”200 元人民币到目前最高的各自分别适用 10 万元人民币和 100 万元人民币，罚款金额分别增长了五百倍和五千倍，倍数增长之巨令人瞠目结舌。

随着经济的发展，在民事诉讼强制措施上适时提高罚款数额的上限是十分合理的。我国历次修改民事诉讼法只要涉及罚款制度，必然提高罚款数额的现实原因是一种立法考量，立法者或者说民事诉讼的修法者的主要目的在于希望借此保障民事诉讼程序的顺利进行。但民事诉讼中针对违法者的行为不断提高罚款的数额，对被罚款人利益的触及是否比以往更大，以及提高罚款数额后是否真的起到更大的威慑作用，从司法实践的角度尚不能确定。在精细的罚款制度建构完成之前以及针对笔者提出的罚款允许上诉程序完全建立之前，提高罚款数额所激起的相对人不满无法通过规范的救济程序予以化解，最终的结果是激化了罚款数额大幅度上升但是被罚款者的配套救济程序缺位二者之间引起的矛盾。司法实践中，法院为了解决或者说规避笔者预设的可能出现的问题，出于一种人性基本的理性观念，受理案件的人民法院院长对罚款适用的控制会更为严格，对违反民事诉讼秩序的行为所采取罚款的情形以及具体的额度的掌控会更为仔细，导致罚款的审批周期也会越来越长，这些由于提高了罚款数额而导致的周边附带效应，理所当然地最终可能会在一定程度上抵消掉提高罚款数额所产生的针对违反诉讼秩序者的威慑效果。罚款制度的完善，不能仅仅只是调整金额上限，而应作为一项系统工程对待，在这个系统工程构建的过程之中，构建罚款的比例原则显得尤为重要。

比例原则最早出现于德国的行政法，德国行政法学理论研究的集大成者，著名的行政法学者奥托麦耶先生称，行政法中的比例原则是德国整个行政法所有原则中的“皇冠性的原则”。而在我国台湾地区的行政法学者的研究中，有学者将比例原则称为行政法领域中的“帝王性的条款”。目前我国大陆地区行政法学者的理论研究中，大多数学者认为行政法中的比例原则一般应当主要包括行政法上的适当性原则、行政法上的必要性原则、行政权运用上的比例性原则这三项附属于比例原则之下的具体化比例原则。所谓行政法上的适当性原则，有学者又将其称为妥当性原则、行政行为的妥适性原则、行政行为的适合性原则，具体而言这一原则要求具体行政权力的行使过程以及行政措施的结果必须有助于行政行为实施法定目的的最终达成，如果一定的行政行为的运用不是为了达到行政法上的法定的目的或者行政行为的运用最终达不到运用该行为的法定目的的时候，则行政权力的行使和具体行政行为中行政措施的采取和运用就在理论上违反了行政法上的适当性原则的要求，该原则总体强调的是手段对于行政合法目的的有效执行和实现的问题；所谓行政法上的必要性原则，又有学者将其称为不可替代性原则或行政法上的最小化损害主义原则，该原则的具体要求是行政权力在运用和行使的过程之中，如果行为存在多种可替代的、同样能达成一定行政法上设定的目的的措施时，则行政主体应当选择对于行政相对人的权益侵害最小的那种行政措施，要求行政主体绝对不能逾越必要的限度，该原则注重从实质的法律效果来最终衡量作为手段的具体行政行为的必要性；所谓行政权运用上的比例性原则，又有学者将其称为狭义的行政法上的比例原则、行政均衡性原则，或者行政相称性原则，该项原则具体要求行政权力机关所运用的具体行政强制措施与该行政行为最终所要达到或者实现的目的二者之间从内在角度必须要符合一定的数学方面的比例关系，具体地说来，是指作为行政主体采取或者运用一项行政措施，虽然该措施可以达到特定的行政目的，但是如果该具体行政行为实施或者采用的结果会给行政相对人的利益包括人身带来超过该项行政行为所运用时的行政性目的最大化价值的侵害的话，则从理论上而言该项具体行政行为就违反行政法上的比例性原则，因此可以说比例原则最终关注和注重的是一种法的价值的权衡。[1]比例原则作为处理目的与手段之间关系的一项基本原则，可以妥善协调罚款的目

〔1〕 参见谢绍静、占善刚：“比例原则视角下我国民事诉讼罚款制度的立法完善——以‘民事诉讼法修改决定’增加罚款数额为切入”，载《内蒙古社会科学（汉文版）》2013年第3期。

的与适用之间的冲突，但就我国现行民事诉讼罚款制度而言，罚款金额的不断增加，单位和个人被区别对待，当事人和案外人的制裁方式同质化，合理救济机制的缺失等皆与比例原则背道而驰。根据比例原则的要求，必须合理限定罚款金额的上限，平等对待单位和个人，区分制裁当事人和案外人，确立新的救济机制，只有这样才能充分发挥民事诉讼强制措施中罚款制度的作用。

8.2.3 罚款救济制度的不足

我国现行立法对于罚款适用的法律文书明确规定为决定书，即现行《民事诉讼法》第116条第2款、第3款规定的民事诉讼强制措施的适用及救济。裁定和决定的区别何在，如前文提到的，我们认为，民事诉讼过程中所出现的问题无非包括实体性和程序性两大类，至多还有实体和程序相结合的某类杂糅问题，但绝不存在既非实体也非程序的事项。决定适用于诉讼中特殊事项的说法，实际上是创造概念式提法，这种含混其词的立法表述存在的最大问题是对于被侵害程序性利益者的权利维护无从谈起。现行民事诉讼法所规定的决定这一裁判方式实际上仍主要用于解决程序性问题，现行立法关于决定之规定与裁定相比，决定的特异性不够明显和独立，且数量很少，并且这些民事强制措施中的决定书既无形式既判力，也没有诉讼法实质的既判力。不仅如此，这种裁判文书救济手段根本性缺失，我国民事诉讼中除了部分决定书可申请复议外，所有决定书均不得允许当事人提起上诉救济程序。但是让人难以置信的是：根据2007年修改后到现今的民事诉讼法，有的适用决定的事项虽然不得上诉，但当事人可以申请再审、检察机关可以提出抗诉，例如针对回避问题的决定，〔1〕这种规定，导致我们在理解和界分判决、裁定、决定间的区别时，再次产生更大的混淆。无救济即无权利，从民事诉讼程序主体权利保障角度出发，对决定的单独设置已实无必要，可将其纳入裁定的范围，统一适用有关裁定的基本原理。〔2〕

8.3 民事诉讼罚款制度的比对

8.3.1 苏联

苏联关于罚款的民事诉讼强制措施，最大的特色是专章予以规定，且该章的标题并不是“罚款”，而是“罚金”〔3〕。在我们国家的法律语境中，罚金既是刑罚附加刑之一，又是我国行政处罚的方式之一。只是作为刑罚附加刑的罚金称之为“刑罚罚金”，而作为行政处罚的罚金则称之为“行政罚金”。然而行政罚金只能由代表国家行使行政管理职能的行政机关予以行使，具体地说一般情况之下进行罚款只能由国家的税务机关行使，其他国家机关则对于罚款无权行使，但在苏联的民事诉讼罚金制度之下，行使这一权力的却是法院，只能说明苏联民事诉讼中的罚金制度带有强烈的行政化的色彩。〔4〕

在苏联民事诉讼法中，一般认为民事诉讼法律规范的规定

〔1〕 现行《民事诉讼法》第200条规定的申请再审的第七种情形。

〔2〕 参见胡思博：“民事裁定的类型对比研究——以种类界定与层次划分为考察基点”，载《法学论坛》2013年第2期。

〔3〕 当然这也可能是翻译本身的问题，但就笔者所接触的苏联民事诉讼法翻译过来的资料，该章均采用“罚金”而非“罚款”一词。

〔4〕 ［苏］多勃洛沃里斯基：《苏维埃民事诉讼》，李衍译，法律出版社1985年版，第121~124页。

和法院的要求，都能由这些规定和要求牵涉的人自愿和自觉地来予以履行。但是在个别情况下，当民事诉讼法律规范遭到违反的时候，法院要对于一定的主体实行制裁，也就是对那些不履行诉讼义务的人或者不执行法院要求的人采取强制措施，而民事诉讼中的罚金就是这类制裁中的一种。所谓民事诉讼中的罚金，就是在法律直接规定的情况和范围之内，对于那些违反诉讼义务或者法庭秩序的人实施的以罚款这种形式的诉讼强制措施，只有法院的合议组织才能对有关主体科以民事罚金。

苏联民事诉讼中对于特定主体科以罚金作为对于诉讼案件参与人的强制措施，在三种情况之下可以对被告科以罚金。苏联民事诉讼法同时规定，对于证人、鉴定人、翻译人员也可以科处罚金。

按照《苏联民事诉讼法典》的规定，法院做出的关于科处罚金的裁定书副本，应当送达被科处罚金的本人；被科处罚金者从收到法院裁定书副本十日内可以向处罚他（她）的法院请求免交或者减少缴纳罚金的数额，对于本人的上述请求，应当在审判庭上予以审理，法院必须将开庭的时间和地点通知本人。对于法院经审理后拒绝免交或者减少缴纳罚金的裁定，本人可以提出局部上诉。[1]《苏联民事诉讼法典》还规定，不仅针对法院的判决可以提出上诉，而且对于第一审法院在审理和实体解决案件过程中所作出的裁定也可以提起上诉，对于法院裁定的上诉不同于对于法院判决的上诉，对于法院裁定的上诉又称为局部上诉，但是绝不是第一审法院的任何裁定都可以上诉。

---

〔1〕 以下关于苏联民事诉讼法中有关罚金制度的介绍，可参见［苏］A. A. 多勃洛沃里斯基：《苏维埃民事诉讼》，李衍译，法律出版社 1985 年版，第 121～124 页。

对于第一审法院的裁定提出的上诉都由上级法院予以审理，局部上诉的审理同上诉的审理程序类似，只有一点区别，即第二审法院在审理对第一审法院的裁定的时候不必审查全部有关案件的事实情况，而只根据这种裁定所涉及的问题审查该裁定是否合法和有无根据。上诉审法院对局部上诉或者抗诉所作出的裁定当事人与检察院不得再上诉，在裁定作出之后即发生法律效力。[1]

由上述规定可见，《苏联民事诉讼法典》中关于罚金的规定，其适用的前提条件是特定主体在民事诉讼过程中具有过错，罚金的适用是一种典型的过错责任承担方式；其次在适用的对象方面具有广泛性，对于被告、证人、鉴定人、翻译人员、诉讼外人员均可适用，但是对于原告不适用；苏联民事罚金作出的过程，具有“准诉讼”的性质，表现在罚金要在审判庭上面对被处罚者通过审理的方式予以作出；对于罚款（金）适用的裁判文书为裁定书；对于罚款（金）的裁定作出的主体是合议庭而非独任审判员；对于罚款（金）的裁定书允许当事人予以救济，救济的方式首先是向作出罚款（金）的法院提出免交或者减交的申请，对于该申请被拒绝不服的，被科以罚款（金）的主体或者检察院可以提出上诉或者抗诉，但是对于该上诉或者抗诉作出的裁定立即生效，不允许再行救济。

8.3.2 德国[2]

德国民事诉讼法并没有针对民事诉讼进程中的罚款作出专门性、一般性规定，而是针对具体罚款应用的具体情形作出了

---

〔1〕 参见［苏］A. A. 多勃洛沃里斯基：《苏维埃民事诉讼》，李衍译，常怡校，法律出版社 1985 年版，第 411～413 页。

〔2〕 本部分法条参见德国贝克出版社编：《德意志联邦共和国民事诉讼法》，谢怀栻译，中国法制出版社 2001 年版。

描述性规定。具体而言：《德国民事诉讼法》第219条规定，证人有义务根据传唤在法院的期日和地点出庭作证。第380条规定了证人不到场的后果，一共有3款规定。对于代理法官的处罚可以根据第573条的规定向受诉法院提出复议，对受诉法院的裁判可以提出即时抗告。抗告成功后，国家承担抗告人因抗告产生的诉讼外费用，如果对不到场进行了及时充分的阐明（如生病、家庭成员死亡、交通障碍、不清楚期日），则不受罚款等上述制裁，已经进行的制裁命令应予以撤销（第381条）。如果证人的过失不严重或者不损害公共利益，也可以不进行处罚。〔1〕第390条规定的是强制证人作证制度，一共也有3款规定。〔2〕

德国民事诉讼法规定，鉴定人应当将签字后的鉴定意见及时地（在法院指定的期限内）交给书记科（第411条第1款），耽误期限的，法院应当在重新指定期限的情况下对于鉴定人处以罚款（第411条第2款）；同时规定鉴定人在期日必须到庭接受法院的讯问，第409条规定了鉴定人不到场或者拒绝的结果，一共有2款的规定。第411条第3款规定了在鉴定书制作过程中，为了对鉴定书加以解释，法院可以命令鉴定人到场。由于德国民诉法关于鉴定人总括性的规定，即第402条规定，“关于人证的规定适用于鉴定”，因此鉴定人如果不到场，可以对其罚款；不缴纳罚款时，可以拘留；再次不到场可以命令拘传鉴定人。对此项裁定，鉴定人可以抗告。〔3〕

〔1〕 参见［德］罗森贝克、施瓦布、戈特瓦尔德：《德国民事诉讼法》（下），李大雪译，中国法制出版社2007年版，第895页。

〔2〕 参见［德］罗森贝克、施瓦布、戈特瓦尔德：《德国民事诉讼法》（下），李大雪译，中国法制出版社2007年版，第902页。

〔3〕 参见［德］罗森贝克、施瓦布、戈特瓦尔德：《德国民事诉讼法》（下），李大雪译，中国法制出版社2007年版，第918页。

通过以上分析不难发现，德国民事诉讼中的罚款有如下几个特点：第一，针对对象是证人和鉴定人；第二，罚款采用的文书为裁定书，并且法官和代理法官均享有此种权力；第三，十分注重对于被采取罚款措施者权利的程序保护，比如对于证人或者鉴定人的不到庭处罚，罚款是拘传的前置程序，只有经过罚款仍然拒绝到庭，始得以适用拘传，再比如对于罚款本身允许当事人予以说明，如果法官认为理由充分的话可以撤销已经作出的罚款裁定；第四，对于罚款这种强制措施的裁定，允许提出具有延缓效力的抗告。

8.3.3 日本〔1〕

根据日本 2007 年 6 月修改通过的《日本民事诉讼法》，针对提出文书命令这一程序，可以对于持有文书但是拒绝提供的主体科以罚款，其中，第 223 条第 1 款规定了文书强制提出命令制度；当事人对于提出文书命令的申请作出的裁定，可以提出即时抗告。第 224 条规定的是当事人不服从提出文书命令时候的效力，第 225 条规定了对于第三人如果不服从提出文书命令的罚款，对于上述罚款的裁定，当事人可以提起针对该罚款裁定的即时抗告。

《日本民事诉讼法》根据诉讼当事人的申请或者根据法院的职权，可以询问当事人本人，第 209 条规定了在询问当事人的过程中如果当事人作出了虚伪陈述的时候，法院可以对于当事人处以罚款。

---

〔1〕 法条参见：《日本民事程序法汇编》（根据《日本民事诉讼法》2007 年修订后翻译），复印自中国政法大学图书馆，该法条并没有明确的出版方，也没有注明印行时间。

《日本民事诉讼法》规定，对于鉴定具有必要学识和经验的人，有担任鉴定人的义务。其216条规定对于鉴定人的询问准用证人的有关规定。

《日本民事诉讼法》关于罚款的规定，归结起来有如下几个特点：第一，明确了罚款的上限；第二，日本民事诉讼中的罚款是法院依职权采取的行为，并不需要当事人申请为之；第三，采取罚款的对象包括当事人（虚假陈述）、证人（拒绝出庭）、鉴定人（拒绝出庭）和持有文书的第三人；第四，对于证人、鉴定人不到庭的罚款程序明显严格于对于当事人虚假陈述的罚款，当事人虚假陈述的罚款在特定情形之下可以撤销，但是对于证人和鉴定人拒绝出庭甚至有可能伴随着刑罚的适用；第五，对于罚款所采用的文书为裁定书，并允许罚款针对的当事人提出即时抗告；第六，针对罚款抗告提出后，要停止原裁定命令的执行。

8.3.4 韩国

《韩国民事诉讼法》第303条规定："如无特别规定，法院对于任何人均可以进行证人询问。"证人是对于过去的经验事实进行报告的案件中的第三人，除当事人及法定代理人（包括法人的代表人）之外的任何诉讼外第三人均具有证人能力，此外，退出诉讼的当事人、未成年人、禁治产人、当事人的亲属、共同诉讼中的其他共同诉讼人等也均具有证人能力。对于证人的询问是将对证人的口头质问和应答作为证据资料的调查，证人询问在准备程序结束后的公开法庭予以进行。证人收到期日通知后有义务在指定期日出席指定场所，提出证人询问申请的当事人也有义务督促证人按时出庭。如果法院实施辩论准备程序，并通过该程序完成了其他证据调查的（如书证调查等），可以在辩论期日只进行证人询问或者当事人询问，并就此终结辩论，因此，证人是否出庭将决定着辩论能否如期结束，为了确保证人能够如期出庭，《韩国民事诉讼法》规定，在证人无正当理由不出席时候，应当加强对于证人的处罚措施。为此，《韩国民事诉讼法》专门规定，证人首次无正当理由不出庭的，法院可以裁定命令证人负担本案的诉讼费用并处以 500 万韩元以下的罚款。此后如果证人仍然拒绝出庭的，则可以对其实施拘留 7 天的强制措施。〔1〕

韩国民事诉讼法中亦有鉴定人之规定，《韩国民事诉讼法》第 333 条规定：具有特别学识经验但是不属于民事诉讼法所规定的证人情形的，应当承担鉴定义务。鉴定人的主要义务有出席义务、宣誓义务、报告鉴定义务等。鉴定人若违反这些义务时，准用证人违反义务时的制裁规定。因此对于鉴定人未有正当理由拒绝出庭的，法院可以裁定命令鉴定人负担本案的诉讼费用并处以 500 万韩元以下的罚款。但是当证人不出庭的时候，法院可以作出拘传的裁定，而由于鉴定人具有可替代性，对于鉴定人只能罚款，不适用拘留和拘传的有关规定。《韩国民事诉讼法》认为，当事人讯问是指法院将对于当事人本人进行的讯问作为证据方法，让当事人同与证人一样陈述自己所经历的事实，从而获取证据资料的调查方法。法律同时规定，法院讯问当事人的时机同于询问证人，应当在辩论准备程序结束后的辩论期日集中进行，因此韩国民事诉讼对于当事人的讯问也具有终结辩论程序的重要意义。对于讯问当事人，仅限于法官根据

〔1〕 参见［韩］孙汉琦：《韩国民事诉讼法导论》，陈刚、陶建国、朴明姬译，中国法制出版社 2010 年版，第 240~241 页。

其他证据方法不能形成心证时，依当事人申请或依职权为之，换言之，将当事人本人作为证据方法，只是一种补充性而不是独立性的证据方法。根据《韩国民事诉讼法》第 373 条之规定，接受讯问的当事人宣誓后即使作虚假陈述，也不给予刑事（伪证罪）处罚，仅给予经济制裁（500 万韩元以下罚款）。[1]

通过对《韩国民事诉讼法》的考察分析不难发现，韩国民事诉讼中的罚款强制措施，适用对象主要是证人和鉴定人；对于证人不到庭的处罚，罚款是拘传的前置程序；采取的诉讼文书为裁定书；罚款为法院依职权所做出的行为；韩国民事诉讼法并没有明确规定对于罚款这类裁定的救济程序。

8.3.5 俄罗斯[2]

现行《俄罗斯联邦民事诉讼法典》（2002 年）沿袭了苏联时期《苏联民事诉讼法典》设专章规定诉讼罚金制度的法典制度安排，具体体现为《俄罗斯联邦民事诉讼法典》将罚金规定于第八章，而《苏联民事诉讼法典》规定于法典第五章。俄罗斯民事诉讼中的诉讼罚金与由一方当事人赔偿另一方当事人的律师援助费、律师代理费及因一方的滥诉所遭受的损失不同，它是对违反俄罗斯民事诉讼法所规定的义务的人的一种经济惩罚。就其处罚的对象或者主体而言，既包括参加诉讼的当事人，也包括某些没有参与诉讼的人；就其法律后果而言，相关主体被处以罚金之后，并不能免除其依法应当履行的法定义务，即其

---

〔1〕 参见［韩］孙汉琦：《韩国民事诉讼法导论》，陈刚、陶建国、朴明姬译，中国法制出版社 2010 年版，第 262~263 页。

〔2〕 本部分法条参见《俄罗斯联邦民事诉讼法典》，黄道秀译，中国人民公安大学出版社 2003 年版，第 40、96、110、112、114 页。

仍应当履行依照法律应当履行的义务，[1]从这个意义上而言，俄罗斯民事诉讼法所规定的民事罚金的性质是一种典型的民事诉讼秩序罚，属于民事诉讼强制措施的范畴。

从诉讼法典的具体规定来看，第八章诉讼罚金属于总体原则性的规定，共有两个法条：第105条规定了诉讼罚金的科处；第106条规定的是对于科处罚金的救济："被科处罚金的人员，在收到法院科处诉讼罚金的裁定书副本之日起十日内，可以向科处诉讼罚金的法院申请减免诉讼罚金。该申请应在10日内开庭审理。开庭的时间和地点应通知被科处诉讼罚金的人员，但是被处罚诉讼罚金的人不出庭不妨碍申请的审理（这说明对于罚金的处罚程序，俄罗斯民事诉讼法的规定具有'准诉讼'的性质，而绝非法院单方不开庭作出）。对于法院驳回减免诉讼罚金申请的裁定，可以提出上诉。"

在具体制度描述性规定方面，《俄罗斯联邦民事诉讼法典》第57条规定了证据的提交与调取，第140条规定了诉讼保全措施，第159条规定了对违反法庭秩序者采取的强制措施，第162条规定了法庭审理中法庭向翻译人员说明其权利和义务，第168条规定了证人、鉴定人、专家、翻译人员不到庭的后果，其中第2款规定："如果被传唤的证人、鉴定人、专家、翻译人员由于法院认为不正当的原因未到庭，对他们可以处以数额为联邦法律规定的最低劳动报酬十倍以下的罚金，证人无正当理由再次不到庭的，可以进行拘传。"

综合现有视野下俄罗斯民事诉讼法关于民事诉讼罚款（金）制度的特点，可以概括为如下几个方面：第一，罚款作为一项

---

〔1〕参见张家慧：《俄罗斯民事诉讼法研究》，法律出版社2004年版，第232页。

民事诉讼强制措施，适用的对象十分宽泛，既适用于诉讼当事人（如保全程序中），也适用于证人、鉴定人、翻译人员甚至是案外人（文书强制提出命令）；第二，采取的形式必须为书面，诉讼文书为裁定书；第三，对于罚款数额仅仅有上限性规定，没有规定下限；第四，对于罚款规定救济程序具有特殊性，必须先向作出罚款的法院申请复议，并且复议采用开庭审理的方式予以进行，整个罚款程序的运行过程都具有“准诉讼”的性质，并且对于该开庭审理后的裁定结果仍然不服的可以上诉。

8.3.6 美国〔1〕

美国民事诉讼法中规定了民事诉讼罚款制度，该制度在立法时主要的出发点是罚款这一民事诉讼强制措施的运用从结果上来看是否具有有效性和必要性，亦即在美国民事诉讼之中建构罚款制度时考虑罚款本身对于排除妨害行为是否有实际效果，如果没有效果，则民事强制措施中罚款的运用这一民事诉讼强制措施的运用就失去了其存在的基本价值和意义。

就法条规定来看，《美国联邦民事诉讼规则》第 11 条规定的是诉答文书、申请书及其他文件的签名；诉答方向法院的陈述及相应的制裁（包括罚款），其中第 2 款规定的是诉答方向法院的陈述。第 3 款规定的是违反上述规定的制裁程序，美国民事罚款程序的运作也是具有“准诉讼”的性质，而非法院的单方职权运作。〔2〕

通过梳理美国民事诉讼关于罚款的规定，不难发现其具有

〔1〕 本部分法条参见：《美国联邦民事诉讼规则证据规则》，白绿铉、卞建林译，中国法制出版社 2000 年版，第 27~28 页。

〔2〕 参见《美国联邦民事诉讼规则证据规则》，白绿铉、卞建林译，中国法制出版 2000 年版，第 27~28 页。

如下几个特征：第一，罚款的目的在于强调罚款本身的实效性，换言之，如果民事诉讼之中民事罚款的运用不能制止诉讼过程中的民事违法行为，则罚款这一强制措施法院是不能运用的。第二，罚款的运用既可以依据法院职权进行也可以依据对方当事人的申请，对方当事人申请或者法院依职权采取罚款这一强制措施时都是有关诉讼主体损害了一方的利益。第三，针对适用罚款的情形，不仅对违反者科处以罚款，而且违反者要承担实施违反行为后相对方的一些必要性支出，比如律师费等。第四，罚款的作出要说理，并且允许违反诉讼义务而遭受罚款的人予以说理，从这个角度进行观察，罚款已经不单纯的是法院依据职权单向作出的处罚，作出罚款是一种三方互动的结果，罚款运作的整个过程具有“准诉讼”的性质。第五，对于罚款，是允许上诉的，上诉法院审查的着眼点是一审法院的法官在适用罚款时是否有滥用自由裁量权的情形。〔1〕

8.4 我国民事诉讼罚款制度的完善

8.4.1 罚款程序的细化

罚款程序的细化其本质上要解决的是民事诉讼中罚款“怎么罚”的问题，上文分析表明，我国民事诉讼中罚款制度的运用存在一定的行政化色彩，但从其他国家和地区的立法比对来看，尽管两大法系不同国家的民事制度存在较大的差异，但每个国家均将民事罚款作为排除民事诉讼妨害的强制措施之一，

〔1〕 参见郭翔：“论民事诉讼中的罚款——立法预期与实践效果的背离及修正”，载《当代法学》2013 年第 1 期。

并且均没有院长控制罚款的规定。

在程序的细化方面，笔者主张应借鉴大多数国家和地区的做法，将罚款的决定权下放给承办法官或者审判案件的合议庭，将罚款程序改造为一种类似于具有对抗性的诉的形式予以进行。行政处罚具有非对抗性，是行政主体针对行政相对人的单方强制，我国现行民事罚款权集中于法院院长而非审判案件的法官或者合议庭手中，造成了民事罚款行政处罚化这一现象。通过笔者上述关于罚款运行程序的比对，罚款权的运用均掌握在合议庭手中，允许合议庭在作出罚款决定的时候给予适用罚款的对象以合理说明的机会或者权利，一旦认定说理者的理由成立或者适用罚款的法官认为说理具有一定的合理性，则直接影响到针对违反诉讼秩序的人是否继续需要适用罚款这一强制措施或者到底适用多大数额的罚款，这样类似于“准诉讼”程序的法庭上说理对于罚款制度的具体实施具有决定性的意义。因此将罚款赋予合议庭或者适用罚款的法官来予以决定，优势非常之明显：罚款的整个过程具有公开性、透明性、一定意义上的对抗性，法院在作出罚款决定的时候需要进行说理，同样被适用罚款的违反民事诉讼秩序的主体亦可为自己的行为提出抗辩，罚款的程序化运作已经具备诉讼的某种构造或者说具备诉的某些外在特征。

在罚款程序运用的细化方面，为了打破罚款的不透明性与非对抗性，必然要求当事人参与到法院查明妨害行为是否存在及具体妨害情形、造成罚款适用情形的具体原因等程序中，上述因素的综合考量将决定法院针对有关主体的行为是否需要罚款以及具体作出罚款的金额。对于具体查明上述情形是否存在，制度上我国现行立法采取的是由法官依自身职权调查了解妨害行为是否存在，换言之，在妨害行为是否构成方面我国赋予了法官较大的自由裁量权。尽管在实践中针对罚款运作的过程也存在着有关当事人向作出罚款的法院进行反映的类似情况，当事人的目的在于希望按照自己的陈述由法院进行相应的考量与裁量，但是当事人这种行为的实施缺乏民事诉讼法制度上的对应的安排与规定，法院对于上述诉求是否需要采纳或重视，在立法层面上来看是完全缺乏明确规定的。〔1〕

通过上述关于其他国家和地区罚款制度的立法规制不难发现，与我国罚款的适用完全依法院职权而决定有所不同的是，美国法院的罚款适用除了法院依职权作出外，允许当事人通过申请要求法院对实施妨害行为的人进行罚款。尽管如此，无论是当事人申请启动的罚款，还是法院依职权主动启动的罚款，都需要以妨害行为的存在作为罚款的前提，而查明妨害行为又是十分困难的，于是制度上就有了要求当事人配合法院查明的规定，若罚款基于当事人申请，申请方应当单独提起罚款申请，且须写明妨害行为并附相关证据；若法院依职权罚款，被罚款的相对人必须向法院说明没有妨害行为存在的理由及证据。

从国外的情况来看，在建构罚款制度时大多会考虑有效性与必要性，即罚款对于排除妨害行为有没有实际效果，这类规定主要体现在两方面：有制止民事不法行为的效果才进行罚款、制止民事不法行为的目的达到就解除罚款这一强制措施的运用。如前面笔者在罚款制度的考察所展示的那样，美国民事诉讼中罚款制度的设置，立法时主要考虑的是罚款这一民事诉讼强制措施的运用的有效性与必要性，亦即在建构罚款制度时考虑罚款本身对于排除妨害行为是否有实际效果，如果没有效果，则

---

〔1〕 参见郭翔："论民事诉讼中的罚款——立法预期与实践效果的背离及修正"，载《当代法学》2013 年第 1 期。

罚款这一民事诉讼强制措施的运用就失去了其存在的基本意义。换言之，如果不能制止违法行为，则罚款不能运用。[1]罚款的作出法院要说理，并且允许违反法律行为而遭受罚款的人说理，从这个角度进行观察，罚款已经不单纯的是法院依据职权单向作出的处罚，而是一种三方互动的结果。

《日本民事诉讼法》根据诉讼当事人的申请或者根据法院的职权，可以询问当事人本人，其中第209条规定了询问当事人过程中如果当事人作出了虚伪陈述，法院可以对于当事人处以罚款。[2]日本这种立法模式与理念上明确将罚款定位于排除民事诉讼进程中的妨害，强调罚款制度威慑性具有密切的联系，只要罚款的裁定作出能够达到排除妨害的目的即可，对于特定违反诉讼秩序的主体科以罚款作为惩罚并不是罚款制度设置的主要目的，罚款制度的设置只要起到威慑作用即可，罚款制度的设计着眼于未来，即通过罚款这一强制措施的运用，达到可以制止和预防类似行为再次发生的目的。

罚款和拘留措施虽然都是针对较为严重的妨害民事诉讼秩序行为的强制教育手段，但其对行为人的威慑作用却存在显著区别。因此为了司法人员在实际操作中恰当区别和精确把握，对行为人施以合适的强制措施，应当完善罚款与拘留措施的现有规定，立法应明确区分罚款与拘留的适用界限。

---

〔1〕 参见《美国联邦民事诉讼规则证据规则》，白绿铉、卞建林译，中国法制出版社2000年版，第27~28页。

〔2〕 法条参见：《日本民事程序法汇编》（根据《日本民事诉讼法》2007年修订后翻译），复印自中国政法大学图书馆，该法条并没有明确出版方，也没有注明印行时间。

8.4.2 罚款中比例原则的确立

民事诉讼中的罚款，指的是人民法院对实施妨害民事诉讼行为的主体，在一定条件下强令其缴纳一定数额金钱的强制措施，罚款具有一定的制裁性特征决定了其在适用中必须要遵循比例原则的要求。因为从本质上讲，罚款是人民法院对实施妨害行为的主体采取的一种带有惩罚性的民事强制措施，一旦启动，势必会影响到妨害主体的财产权利或是经济利益。因此，人民法院在采取罚款之前，不得不考虑针对妨害行为是否有必要罚款、罚款多少等问题，实际上，这一裁量过程无形之中就是在运用比例原则分析问题。具体而言，人民法院在适用罚款时必须要斟酌以下几方面问题：

首先，罚款对于妨害行为主体而言，是否能够达到制裁的目的，如果不能，则罚款针对这一妨害行为是不恰当的，这是比例原则中适当性原则的要求。一项强制措施的采取，如果不能给妨害行为主体造成任何心理上的压力，则不仅不能达到制裁违法的目的，相反还会纵容不法行为的再次发生。正因为如此，在维护司法权威时必须想办法在最大限度内用尽所有可行的制裁手段，其效果绝不能是无关痛痒的，而一定要是能够立竿见影地排除妨害并遏制此类行为再次发生，不仅要让不合作者立即改变自己的行为，更要在他的心头留下难以磨灭的震慑，从此不敢越雷池。罚款措施的采取必须要有助于实现民事诉讼法规定强制措施的初衷，如若不能，则表明此方法并非明智的选择。

其次，针对某一妨害行为，如果必须要采取罚款这一强制措施，那么罚款多少对妨害主体的影响最小，这是比例原则中必要性原则的要求。当然不是说，罚款越少，影响越小，而是必须在达到制裁违法、恢复诉讼秩序的目的范围内，综合考虑妨害行为的情节和严重程度，选择最低的罚款金额。当然可以在调研之后具体确定罚款的实际数额以及是否应该针对具体的妨害诉讼秩序行为不同而采取不同的罚款幅度。

最后，采取罚款措施对妨害主体所造成的影响与所欲维护的诉讼秩序是否成比例，如果对妨害主体权利的损害明显要大于所欲维护的诉讼秩序实现的价值，那么这是不符合比例性原则要求的。

总之，为了制裁违法、排除妨害，保障诉讼的顺利进行，人民法院有必要采取罚款这一强制措施。但另一方面，既然是强制措施，它的适用必定会在一定程度上侵犯行为主体的财产权利，如何既实现国家设定强制措施的目的，又将对行为主体的侵害减小到最少，是我国民事诉讼罚款制度应然的追求。因此，针对罚款这种影响妨害行为能否再次发生的威慑性措施，比例原则为我们提供了其基本的运用准则。

8.4.3 完善罚款的救济程序

立法要明确规定罚款用的裁判文书：裁定书。虽然“决定”和“复议”方式适应了强制措施解决妨害诉讼问题的突发性和紧迫性之需，但却存在着对行为人合法权益保护不周的隐患，而“裁定”和“上诉”则正好相反，它们虽然能够为行为人提供较为充分的救济机会，但是相对过度的程序保护会制约强制措施应有功能的发挥。因此对于直接涉及行为人的人身和财产权益的罚款和拘留应当优先考虑对其合法权益的保护，即规定当以书面裁定方式作出，且行为人可以对此裁定提出上诉，上诉期间裁定中止执行，但紧急情况除外。[1]

诚如笔者前文所列举的相关国家的规定，按照《苏联民事诉讼法典》的规定，以及德国对于罚款这种强制措施的裁定，允许提出具有延缓效力的抗告。《俄罗斯联邦民事诉讼法典》第 106 条规定的是对于科处罚金的救济中同样允许当事人提起上诉。

在立法上合理构建针对罚款的上诉程序，事实上，罚款复议程序已经让当事人因复议活动本身的不透明而对复议结果抱有成见，无法发挥通过复议说明罚款缘由及吸收不满的功能，在审案压力巨大而案件处理结果又关乎法官个人得失的现状中，这种非公开化的罚款复议机制，也在一定程度上阻止了法官运用罚款来排除妨害行为的能动性，因此设置针对罚款的适当而规范的救济程序具有极其重要的意义。罚款剥夺相对人财产的性质以及非辩论式的事实认定结构决定了对相对人提供救济的必要。与我国仅仅将救济方式规定为复议而缺乏规范的制度性救济程序不同，日本将罚款的救济程序规定为即时抗告，并设置了规范的救济运行程序，美国法院则允许当事人对罚款上诉，上诉法院审查的基准是一审法官在罚款时是否滥用自由裁量权。规范的上诉程序不仅可以向当事人提供及时、完善、透明和可预见的救济，更为重要的是因上诉须用到罚款时的证据和文书，这能够在一定程度上规范前期法院的罚款行为。

罚款上诉期间即要停止罚款的执行，罚款上诉对于罚款本身具有延缓的效力，这是世界各国的通例。在我国现行民事诉讼法制度架构之下，对妨害民事诉讼的人采取的强制措施是决定的适用范围之一，决定一经送达或作出，便立即发生法律效

---

〔1〕参见胡夏冰、陈春梅："对妨害民事诉讼的强制措施的修法建议"，载《广西政法管理干部学院学报》2011 年第 4 期。

力。对于可以申请复议的决定，即使当事人已经申请复议也不影响该决定法律效力的发生。[1]这种立法的主要指导思想是：情况紧急。但是在司法实践中，适用民事诉讼强制措施应该注意采取的民事诉讼强制措施的严厉程度应当与行为人在民事诉讼中造成的妨害诉讼行为的性质、从结果上来看的轻重程度大体予以适应。[2]

8.5 本章小结

民事诉讼强制措施中的罚款关涉相关主体的重要经济或者财产利益，罚款制度设计在于通过罚款可以有效制止违法行为的再次发生，因此罚款的目的着眼于将来，罚款程序的运行过程不能由法院院长单方控制，罚款权力制度的重心应该下移：罚款权切实赋予合议庭。罚款的过程应该公开，允许被罚款者对自己妨害行为是否主观具有过错进行说理，最终将罚款建构成一种“准诉讼”程序。罚款应该切实坚持比例原则，同时构建被罚款者事后通过上诉救济自己权利的机制。

---

〔1〕 参见江伟主编：《民事诉讼法》，高等教育出版社 2013 年版，第 372 页。

〔2〕 参见张卫平主编：《新民事诉讼法条文精要与适用》，人民法院出版社 2012 年版，第 295 页。

参考文献

（一）著作类

[1] [奥] 凯尔森:《纯粹法理论》，张书友译，中国法制出版社 2008 年版。

[2] [奥] 凯尔森:《法与国家的一般理论》，沈宗灵译，商务印书馆 2013 年版。

[3] [德] 迪特尔·梅迪库斯:《请求权基础》，陈卫佐等译，法律出版社 2012 年版。

[4] [德] 黑格尔:《法哲学原理》，范扬、张企泰译，商务印书馆 1996 年版。

[5] [德] 罗森贝克、施瓦布、戈特瓦尔德:《德国民事诉讼法》（下），李大雪译，中国法制出版社 2007 年版。

[6] [法] 艾涅斯特·格拉松:《法国民事诉讼程序的起源》，巢志雄译，北京大学出版社 2013 年版。

[7] [韩] 孙汉琦:《韩国民事诉讼法导论》，陈刚、陶建国、朴明姬译，中国法制出版社 2010 年版。

[8] [美] E. 博登海默:《法理学：法律哲学与法律方法》，邓正来译，中国政法大学出版社 2017 年版。

[9] [美] 伯尔曼:《法律与宗教》，梁治平译，商务印书馆 2012 年版。

[10] [美] 米尔伊安·R. 达玛什卡:《司法和国家权力的多种面孔——比较视野中的法律程序》，郑戈译，中国政法大学出版社 2004 年版。

[11] [美] 斯蒂文·N. 苏本等:《民事诉讼法：原理、实务与运作环境》，

傅郁林等译，中国政法大学出版社 2004 年版。

[12] [美] 梯利:《西方哲学史》（增补修订版），葛力译，[美] 伍德增补，商务印书馆 1995 年版。

[13] [日] 高木丰三:《日本民事诉讼法论纲》，陈与年译，洪冬英勘校，中国政法大学出版社 2006 年版。

[14] [日] 高桥宏志:《民事诉讼法：制度与理论的深层分析》，林剑锋译，法律出版社 2003 年版。

[15] [日] 谷口安平:《程序的正义与诉讼》（增补本），王亚新、刘荣军译，中国政法大学出版社 2002 年版。

[16] [日] 兼子一、竹下守夫:《民事诉讼法》，白绿铉译，法律出版社 1995 年版。

[17] [日] 棚濑孝雄:《纠纷的解决与审判制度》，王亚新译，中国政法大学出版社 1994 年版。

[18] [日] 松冈义正:《民事证据论》，张知本译，中国政法大学出版社 2004 年版。

[19] [日] 松尾浩也:《日本刑事诉讼法》（下卷），张凌译，金光旭校，中国人民大学出版社 2005 年版。

[20] [日] 田口守一:《刑事诉讼法》，刘迪等译，法律出版社 2000 年版。

[21] [日] 盐野宏:《行政法》，杨建顺译，法律出版社 1999 年版。

[22] [日] 中村英郎:《新民事诉讼法讲义》，陈刚等译，法律出版社 2001 年版。

[23] [苏] A. A. 多勃洛沃里斯基:《苏维埃民事诉讼》，李衍译，常怡校，法律出版社 1985 年版。

[24] [意] 贝卡里亚:《论犯罪与刑罚》，黄风译，中国大百科全书出版社 1993 年版。

[25] [意] 莫诺·卡佩莱蒂等:《当事人基本程序保障权与未来的民事诉讼》，徐昕译，法律出版社 2000 年版。

[26] [英] J. A. 乔罗威茨:《民事诉讼程序研究》，吴泽勇译，中国政法大学出版社 2008 年版。

[27] [英] 丹宁勋爵:《法律的正当程序》，李克强等译，法律出版社2011年版。

[28] [英] 费里德利希·冯·哈耶克:《法律、立法与自由》（第一卷），邓正来等译，中国大百科全书出版社2000年版。

[29] [英] 费里德利希·冯·哈耶克:《自由秩序原理》（上卷），邓正来译，生活·读书·新知三联书店1997年版。

[30] [英] 雷蒙德·瓦克斯:《法哲学：价值与事实》，谭宇生译，译林出版社2013年版。

[31]《俄罗斯联邦民事诉讼法典》，黄道秀译，中国人民公安大学出版社2003年版。

[32]《苏俄民事诉讼法典》，郑华译，法律出版社1955年版。

[33]《外国民事诉讼法参考资料》（第一册），北京政法学院民事诉讼法教研室1982年版。

[34]《越南·泰国民事诉讼法典》，米良等译，云南大学出版社2010年版。

[35] B. C. Cairns, *Australian Civil Procedure*, New South Wales: Law Book Co. Ltd., 2011.

[36] C. J. Miller, *Contempt of Court*, New York: Oxford University Press, 2000.

[37] Gary Meggitt, *Civil Justice Reform*, Hong Kong: Sweet & Maxwell, 2010.

[38] Johanna Niemi, *Civil Procedure in Finland*, New York: Kluwer Law International, 2010.

[39] Laurence M. Friedman, *A History of American Law*, New York: W. W. Norton&Company Inc., 1984.

[40] Paolo Biavati, *European Civil Procedure*, London: Kluwer Law International, 2011.

[41] W. F. Walsh, *Outlines of the History of English and American Law*, New York: New York University Press, 1924.

[42] 白绿铉、卞建林:《美国联邦民事诉讼规则、证据规则》，中国法制出版社2000年版。

[43]《日本新民事诉讼法》，白绿铉编译，中国法制出版社2000年版。

[44] 卞建林:《刑事诉讼法学》，科学出版社 2008 年版。

[45] 柴发邦:《民事诉讼法学新编》，法律出版社 1992 年版。

[46] 常怡:《民事诉讼法学》，中国政法大学出版社 2008 年版。

[47] 陈刚:《比较民事诉讼法》（第七卷），中国法制出版社 2008 年版。

[48] 谢文哲:《中国民事诉讼法制百年进程（清末时期第三卷）》，中国法制出版社 2009 年版。

[49] 陈荣宗:《民事程式法论文集》（第四册），台湾三民书局 1993 年版。

[50] 陈荣宗:《民事诉讼法之研讨（四）》，民事诉讼法研究基金会 1993 年版。

[51] 陈瑞华:《程序性制裁理论》，中国法制出版社 2010 年版。

[52] 程春明:《司法权及其配置：理论语境、中英法式样及国际趋势》，中国法制出版社 2009 年版。

[53] 戴庆康:《权利秩序的伦理正当性：以精神病人权利及其立法为例证》，中国社会科学出版社 2007 年版。

[54] 邓继好:《程序正义理论在西方的历史演进》，法律出版社 2012 年版。

[55] 丁铧等:《虚假民事诉讼的防范与规制》，中国法制出版社 2009 年版。

[56] 范愉:《纠纷解决的理论与实践》，清华大学出版社 2007 年版。

[57] 傅鹤鸣:《法律正义论：德沃金法伦理思想研究》，商务印书馆 2009 年版。

[58] 傅郁林:《民事司法制度的功能与结构》，北京大学出版社 2006 年版。

[59] 龚汝富:《明清讼学研究》，商务印书馆 2008 年版。

[60] 何家弘、张卫平:《外国证据法选译》（上册），人民法院出版社 2000 年版。

[61] 何为民主编:《民事司法心理学理论与实践》，群众出版社 2002 年版。

[62] 何孝元:《诚实信用原则与衡平法》，三民书局 1977 年版。

[63] 侯海军编:《民事诉讼中权利滥用行为研究》，人民法院出版社 2011 年版。

[64] 胡夏冰:《司法权：性质与构成的分析》，人民法院出版社 2003 年版。

[65] 顾肖荣、吴志良、费成康主编，黄双全著:《民事诉讼法比较》，福建人民出版社 1999 年版。

[66] 黄竹胜:《司法权新探》，广西师范大学出版社 2003 年版。

[67] 冀宗儒:《民事救济要论》，人民法院出版社 2005 年版。

[68] 江伟主编:《民事诉讼法学》，北京大学出版社 2012 年版。

[69] 江伟主编:《民事诉讼法》，中国人民大学出版社 2000 年版。

[70] 江伟主编:《民事诉讼法学原理》，中国人民大学出版社 1999 年版。

[71] 江伟主编:《中国民事诉讼法专论》，中国政法大学出版社 1998 年版。

[72] 赖玉中:《刑事强制措施体系研究》，中国政法大学出版社 2012 年版。

[73] 李永军主编:《民事权利体系研究》，中国政法大学出版社 2008 年版。

[74] 李永然主编:《民事诉讼法及相关法规》，永然文化出版有限公司 2003 年版。

[75] 廖中洪主编:《民事诉讼改革热点问题研究综述（1991—2005）》，中国检察出版社 2006 年版。

[76] 廖中洪:《民事诉讼立法体例及法典编纂比较研究》，中国检察出版社 2010 年版。

[77] 刘杨:《法律正当性观念的转变：以近代西方两大法学派为中心的研究》，北京大学出版社 2008 年版。

[78] 《法国新民事诉讼法典》(上下册)，罗结珍译，法律出版社 2008 年版。

[79] 马克昌主编:《外国刑法学总论（大陆法系）》，中国人民大学出版社 2009 年版。

[80] 毛玲:《英国民事诉讼的演进与发展》，中国政法大学出版社 2005 年版。

[81] 苗有水:《保安处分与中国刑法发展》, 中国方正出版社 2001 年版。
[82] 齐树洁主编:《港澳民事诉讼法》, 厦门大学出版社 2014 年版。
[83] 齐树洁主编:《英国民事司法制度》, 厦门大学出版社 2011 年版。
[84] 齐树洁主编:《英国证据法》, 厦门大学出版社 2002 年版。
[85] 邱兴隆:《关于惩罚的哲学: 刑罚根据论》, 法律出版社 2000 年版。
[86] 全国人大常委会法制工作委员会、德国技术合作公司编:《行政强制的理论与实践》, 法律出版社 2001 年版。
[87] 邵明:《现代民事诉讼基础理论: 以现代正当程序和现代诉讼观为研究视角》, 法律出版社 2011 年版。
[88] 宋朝武主编:《民事诉讼法学》, 中国政法大学出版社 2008 年版。
[89] 宋英辉主编:《刑事诉讼法学》, 中国人民大学出版社 2011 年版。
[90] 宋远升:《刑事强制处分权的分配与制衡》, 法律出版社 2010 年版。
[91] 孙洪坤:《程序与法治》, 中国检察出版社 2008 年版。
[92] 孙连钟:《刑事强制措施问题研究》, 知识产权出版社 2007 年版。
[93] 孙万胜:《司法权的法理之维》, 法律出版社 2002 年版。
[94] 孙笑侠:《程序的法理》, 商务印书馆 2005 年版。
[95] 谭兵主编:《民事诉讼法学》, 法律出版社 1997 年版。
[96] 唐力:《民事诉讼构造研究——以当事人与法院作用分担为中心》, 法律出版社 2006 年版。
[97] 田平安主编:《民事诉讼法》, 中国人民大学出版社 2010 年版。
[98] 田平安主编:《民事诉讼法学》, 法律出版社 2005 年版。
[99] 汪习根主编:《司法权论: 当代中国司法权运行的目标模式、方法与技巧》, 武汉大学出版社 2006 年版。
[100] 王德新:《民事诉讼行为理论研究》, 中国政法大学出版社 2011 年版。
[101] 王怀安主编, 全国法院干部业余法律大学民事诉讼法教研组编写编:《中国民事诉讼法教程》 (新编本), 人民法院出版社 1992 年版。
[102] 王立峰:《惩罚的哲理》, 清华大学出版社 2006 年版。

[103] 王锡三:《民事诉讼法研究》，重庆大学出版社 1996 年版。
[104] 王亚新等:《法律程序运作的实证分析》，法律出版社 2005 年版。
[105] 王亚新:《对抗与判定：日本民事诉讼的基本结构》，清华大学出版社 2010 年版。
[106] 王亚新:《社会变革中的民事诉讼》，北京大学出版社 2014 年版。
[107] 教育部高等教育司组编，吴明童主编:《民事诉讼法》，法律出版社 1999 年版。
[108] 吴庆宝主编:《最高人民法院司法政策与指案例》（民事诉讼卷），法律出版社 2011 年版。
[109] 吴英旗:《民事诉讼义务研究》，中国政法大学出版社 2012 年版。
[110] 德国贝克出版社编:《德意志联邦共和国民事诉讼法》，谢怀栻译，中国法制出版社 2001 年版。
[111]《英国民事诉讼规则》，徐昕译，中国法制出版社 2001 年版。
[112] 徐昕:《英国民事诉讼与民事司法改革》，中国政法大学出版社 2002 年版。
[113] 徐亚文:《程序正义论》，山东人民出版社 2004 年版。
[114] 杨荣新主编:《民事诉讼法学》，中国政法大学出版社 1997 年版。
[115] 杨荣新主编:《民事诉讼法学》，中央广播电视大学出版社 1995 年版。
[116] 杨雄编著:《刑事强制措施的正当性基础》，中国人民公安大学出版社 2009 年版。
[117] 杨一平:《司法正义论》，法律出版社 1999 年版。
[118] 张大海:《新时期司法政策实证研究》，中国政法大学出版社 2014 年版。
[119] 张德美:《从公堂走向法庭——清末民初诉讼制度改革研究》，中国政法大学出版社 2009 年版。
[120] 张家慧:《当事人诉讼行为法律研究》，中国民主法制出版社 2005 年版。
[121] 张家慧:《俄罗斯民事诉讼法研究》，法律出版社 2004 年版。

[122] 张建良:《刑事强制措施要论》，中国人民公安大学出版社 2005 年版。
[123] 张建伟:《刑事司法体制原理》，中国人民公安大学出版社 2001 年版。
[124] 张晋藩主编:《中国民事诉讼制度史》，巴蜀书社 1999 年版。
[125] 张卫平、陈刚编著:《法国民事诉讼法导论》，中国政法大学出版社 1997 年版。
[126] 张卫平:《民事诉讼：关键词展开》，中国人民大学出版社 2005 年版。
[127] 张卫平:《民事诉讼法》，法律出版社 2013 年版。
[128] 张卫平:《民事诉讼法》，中国人民大学出版社 2011 年版。
[129] 张卫平编:《新民事诉讼法条文精要与适用》，人民法院出版社 2012 年版。
[130] 张卫平:《转换的逻辑：民事诉讼体制转型分析》，法律出版社 2007 年版。
[131] 张文显主编:《法理学》，高等教育出版社、北京大学出版社 1999 年版。
[132] 张晓薇:《民事诉权正当性与诉权滥用规制研究》，法律出版社 2014 年版。
[133] 章武生等:《司法公正的路径选择：从体制到程序》，中国法制出版社 2010 年版。
[134] 赵旭东、董少谋:《港澳台民事诉讼法要论》，厦门大学出版社 2008 年版。
[135] 中共中央政法委员会编:《社会主义法治理念读本》，中国长安出版社 2009 年版。
[136] 卓泽渊:《法的价值总论》，人民出版社 2001 年版。

（二）论文类

[1] [日] 竹下守夫:“民事诉讼法的目的与司法的作用”，牟易、诚诿译，载《现代法学》1997 年第 3 期。

[2] Douglas C. Berman, "Coercive Contempt and the Federal Grand Jury", 79*Colum. L. Rev.* 735, 1979.

[3] John H. Langbein, "The German Advantage in Civil Procedure", 52*Chi. L. Rev.* 823, 1985.

[4] Linda S. Beres, "Civil Contempt and the Rational Contemnor", 69 *Ind. L. J.* 723, 1994.

[5] Lowell J. Howe, "The Meaning of Due Process of Law", 18*C. L. Rev.* 583, 1930.

[6] Margaret Meriwether Cordray, "Contempt Sanctions and the Excessive Fines Clause", 76 *N. C. L. Rev.* 407, 1998.

[7] Margit Livingston, "Disobedience and Contempt", 75*Wash. L. Rev.* 345, 2000.

[8] 蔡彦敏："对'以事实为根据、以法律为准绳'原则的重新释读"，载《中国法学》2001 年第 2 期。

[9] 蔡彦敏："对民事诉讼法律关系若干问题的再思考"，载《政法论坛》2000 年第 2 期。

[10] 曹萌、群言："小案件折射出司法大问题——对河南法官建议全国人大设立'藐视法庭罪'的调查"，载《中国审判》2010 年第 5 期。

[11] 陈刚、翁晓斌："论民事诉讼制度的目的"，载《南京大学法律评论》1997 年第 1 期。

[12] 崔颖华："协商型正义：律师妨害民事诉讼行为公开方式的新探索"，载《河北法学》2013 年第 5 期。

[13] 段厚省："民事诉讼目的：理论、立法和实践的背离与统一"，载《上海交通大学学报（哲学社会科学版）》2007 年第 4 期。

[14] 范愉："法律信仰批判"，载《现代法学》2008 年第 1 期。

[15] 范愉："诉讼社会与无讼社会的辨析和启示——纠纷解决机制中的国家与社会"，载《法学家》2013 年第 1 期。

[16] 傅郁林："繁简分流与程序保障"，载《法学研究》2003 年第 1 期。

[17] 傅郁林："民事诉讼法修改的价值取向论评"，载《华东政法大学学

报》2012 年第 4 期。
[18] 傅郁林："审级制度的建构原理——从民事程序视角的比较分析"，载《中国社会科学》2002 年第 4 期。
[19] 郭翔："论民事诉讼中的罚款——立法预期与实践效果的背离及修正"，载《当代法学》2013 年第 1 期。
[20] 韩波："司法的应为之相：重读富勒司法理论"，载《中国政法大学学报》2010 年第 1 期。
[21] 韩旭："法庭内的正义如何实现——最高人民法院刑事诉讼司法解释中法庭纪律及相关规定"，载《清华法学》2013 年第 6 期。
[22] 何四海："当事人民事诉讼权利救济的比较研究——以德国、日本、法国的民事诉讼法为考察中心"，载《湖南大学学报（社会科学版）》2013 年第 3 期。
[23] 何文燕、廖永安："民事诉讼目的之界定"，载《法学评论》1998 年第 5 期。
[24] 胡康宁："设立藐视法庭罪的几个问题"，载《云南法学》1995 年第 3 期。
[25] 江伟、廖永安："我国民事诉讼主管之概念检讨与理念批判"，载《中国法学》2004 年第 4 期。
[26] 李浩："当下法院调解中一个值得警惕的现象——调解案件大量进入强制执行研究"，载《法学》2012 年第 1 期。
[27] 李浩："民事诉讼当事人的自我责任"，载《法学研究》2010 年第 3 期。
[28] 李响："秩序与尊严——民事诉讼强制措施重构刍议"，载《法治研究》2011 年第 8 期。
[29] 刘国利："引入藐视法庭惩罚制度的可行性"，载《内蒙古民族大学学报（社会科学版）》2007 年第 5 期。
[30] 刘荣军："论民事诉讼的目的"，载《政法论坛》1997 年第 5 期。
[31] 刘荣军："民事诉讼行为瑕疵及其处理"，载《中国法学》1999 年第 3 期。

[32] 刘涌:“关于正确适用民事诉讼强制措施的几个问题”,载《法学》1986年第8期。

[33] 潘剑锋:“从民事审判权谈民事审判方式改革”,载《法学家》2000年第6期。

[34] 潘剑锋:“中国民事审判程序体系之科学化革新——对我国民事程序及其相互关系的反思”,载《政法论坛》2012年第5期。

[35] 邵明:“论民事诉讼证据裁判原则”,载《清华法学》2009年第1期。

[36] 石经海:“司法拘留与民事拘留关系新论”,载《法学杂志》2005年第2期。

[37] 宋朝武:“新《民事诉讼法》视野下的恶意诉讼规制”,载《现代法学》2014年第6期。

[38] 宋朝武:“虚假诉讼法律规制的理性思考”,载《河南社会科学》2012年第12期。

[39] 苏建清:“民事诉讼中的强制措施”,载《法学杂志》1999年第5期。

[40] 谭卓明:“民事拘传的条件和程序”,载《人民司法》1987年第11期。

[41] 唐力:“辩论主义的嬗变与协同主义的兴起”,载《现代法学》2005年第6期。

[42] 唐力:“对话与沟通:民事诉讼构造之法理分析”,载《法学研究》2005年第1期。

[43] 王登辉:“民事诉讼目的之反思与司法保护说之倡导”,载《现代法学》2014年第2期。

[44] 王亚新、陈杭平:“证人出庭作证的一个分析框架——基于对若干法院民事诉讼程序的实证调查”,载《中国法学》2005年第1期。

[45] 王亚新:“论民事、经济审判方式的改革”,载《中国社会科学》1994年第1期。

[46] 王亚新:“民事诉讼法修改中的程序分化”,载《中国法学》2011年

第 4 期。
[47] 王亚新："民事诉讼中的证人出庭作证"，载《中外法学》2005 年第 2 期。
[48] 王亚新："强制执行与说服教育辨析"，载《中国社会科学》2000 年第 2 期。
[49] 王亚新："司法成本与司法效率——中国法院的财政保障与法官激励"，载《法学家》2010 年第 4 期。
[50] 王亚新："我国新民事诉讼法与诚实信用原则——以日本民事诉讼立法经过及司法实务为参照"，载《比较法研究》2012 年第 5 期。
[51] 肖建国："程序公正的理念及其实现"，载《法学研究》1999 年第 3 期。
[52] 肖建国："回应型司法下的程序选择与程序分类——民事诉讼程序建构与立法的理论反思"，载《中国人民大学学报》2012 年第 4 期。
[53] 肖建国："执行程序修订的价值共识与展望——兼评《民事诉讼法修正案》的相关条款"，载《法律科学（西北政法大学学报）》2012 年第 6 期。
[54] 肖建华："论恶意诉讼及其法律规制"，载《中国人民大学学报》2012 年第 4 期。
[55] 谢绍静、占善刚："比例原则视角下我国民事诉讼罚款制度的立法完善——以《〈民事诉讼法〉修改决定》增加罚款数额为切入"，载《内蒙古社会科学（汉文版）》2013 年第 3 期。
[56] 熊跃敏、郜志奇："民事诉讼模式的划分标准探究"，载《辽宁师范大学学报》2000 年第 3 期。
[57] 熊跃敏、王奕超："规制虚假诉讼的法律路径探讨"，载《人民检察》2014 年第 14 期。
[58] 熊跃敏、吴泽勇："民事诉讼中的诚信原则探究"，载《河北法学》2002 年第 4 期。
[59] 熊跃敏："辩论主义：溯源与变迁——民事诉讼中当事人与法院作用分担的再思考"，载《现代法学》2007 年第 2 期。
[60] 熊跃敏："日本民事诉讼的文书提出命令制度及其对我国的启示"，

载《诉讼法论丛》2002 年第 7 卷。

[61] 杨秀清："解读民事诉讼中的诚实信用原则"，载《河北法学》2006 年第 3 期。

[62] 杨秀清："民事诉讼中诚实信用原则的空洞化及其克服"，载《法学评论》2013 年第 3 期。

[63] 占善刚："民事诉讼中罚款之检讨"，载《法商研究》2013 年第 6 期。

[64] 张建伟："超越地方主义和去行政化——司法体制改革的两大目标和实现途径"，载《法学杂志》2014 年第 3 期。

[65] 张卫平："论人民法院在民事诉讼中的职权"，载《法学论坛》2004 年第 5 期。

[66] 张卫平："民事诉讼中的诚实信用原则"，载《法律科学（西北政法大学学报）》2012 年第 6 期。

[67] 张卫平："起诉难：一个中国问题的思索"，载《法学研究》2009 年第 6 期。

[68] 张卫平："起诉条件与实体判决要件"，载《法学研究》2004 年第 6 期。

[69] 张永泉、徐侃、胡浩亮："我国民事拘传制度的缺陷及其完善"，载《法律适用》2009 年第 9 期。

[70] 章武生、吴泽勇："论民事诉讼的目的"，载《中国法学》1998 年第 6 期。

[71] 赵冠男："德国保安处分制度研究"，湖南师范大学 2011 年硕士学位论文。

致　谢

本书是在我博士论文《民事诉讼强制措施理论研究与制度完善》基础上，结合山东省社会科学规划研究一般项目：民事诉讼强制措施的实证考察与制度完善（批准号：16CFXJ22）最终完成的研究成果。

衷心感谢我的导师张卫平教授，感谢张老师将我收入门下，给了我一次在清华大学法学院学习的宝贵机会。对于本书的立意以及选题的最终确定，均直接受益于老师的启发，甚至张老师自身对于该题目做出了很大的牺牲：关于民事诉讼强制措施的性质，老师对此问题的思考已经形成了清晰的写作思路，为了保证自己的学生可以完成整本书的写作，老师放弃了自己这篇文章。回首三年的张门学习生活，老师第一次在清华见我时对我说的话，我至今记忆犹新：做学术讲究天分，一个人可能成功也可能一生默默无闻，但是老师希望你以后做人不能是一个失败的人，一个人立足于社会最重要的是要有一个健全的人格。老师的这句话，我迈出清华的大门也一定会铭记于心且一生遵循。三年的清华园学习生活，老师对于我的理解与宽容，虽然我一直没有当面和老师说起，其实我每时每刻都感恩于心。

感谢王亚新教授，王老师严谨的学风与直面司法实践的研究方法在我没有进入清华之前就早已仰慕。还记得一年级一次博士论坛的活动，王老师对我做的一篇报告提出了批评，但也就是这次批评，王老师的话让我明白了一个道理：做学术要小处着手，精深研究。对于老师的这句话，我是真心接受，三年清华园的学习中，无论是和同门还是与身边的同学交流，我时常提起王老师这句话，王老师精细认真的研究方法，对我以后的研究和学习具有巨大的帮助，我一定会沿着王老师教诲我的这条道路走下去。

感谢张建伟教授，张老师在本书写作初期提示我的很多问题，成为我本书确定写作范围的最关键性因素。感谢清华大学法学院任重老师，三年里，我打扰最多的人可能就是当时尚在做博士后研究工作的任重老师了，尤其是本书写作的最后阶段，各种压力纷至沓来，有时候晚上两点多我还会和他联系，他都是第一时间给予我帮助。感谢中国政法大学出版社编辑魏星老师为本书稿出版付出的辛勤劳动。

最后，感谢我的家人，尤其感谢我的妻儿，三年中，我的妻子自身在承担巨大科研压力的情况下，独自担起了照顾孩子的全部义务，孩子什么时候学会了翻身、什么时候学会了走路，这些他最重要的人生历程，我一点都没有参与。三年中我成为家庭最大的负累，反而是我在学习最困苦的时候，是电话那端孩子稚嫩的“爸爸加油”让我能够坚定完成学业。匆匆这些年的平凡之路，孩子是我内心最大的亏欠。